柳家喬太郎の
ヨーロッパ落語道中記

柳家喬太郎

Kyotaro's Europe: Travels in Rakugo

はじめに

海外なんて行きたくなかったのである。

僕の師匠、さん喬は、時折海外に行っていて、特にアメリカには毎年赴き、日本語を勉強している学生さんを中心に、落語を披露しているようだ。

「どうだ喬太郎、たまには一緒に海外行ってみないか」

その時の行く先はアメリカではなかったが、一度、そう言ってくださった事がある。

我々の世界において、師匠の言う事は絶対だ。断る事などできようもない。

しかし、僕はお断りした。実際、スケジュールの都合がつかなかった事が本来の理由だが、行きたくなかったのも事実である。

だって、日本語が通じないんだもん。そりゃ、仕事で行くんだから、そんな心配しなくていいんだろうけど、迷子にでもなったらどうすんだ。テロに遭うかもしれないし、マフィアに襲われるかもしれないではないか。

「オウ、ジャパニーズエンターテイナー、ラクゴーカ、イリマセーン！　バン！」

とか言って撃たれたりなんかしたら、どうするのだ。

だから、仕事でもプライベートでも、海外に行った事など、なかった。二ツ目の頃にクルーズの仕事で、韓国の済州島に上陸した事があったが、ほんの二時間か三時間だけである。それが唯一の海外経験であった。

にもかかわらず、そんな僕に、海外公演の話が舞い込んだ。白酒さんやら兼好さんやら一之輔さんやら扇辰さんやら、中堅どころから若手の真打の仲間達が、毎年、ヨーロッパに行っているという話は、聞いていた。十日間から二週間ほど、もちろんプライベートではない。仕事である。いや仕事というかボランティアというか、とにかく落語を喋りにである。みんな大変だなぁと、他人事に思っていた。ところがその公演の話が順番という訳でもなかろうが、僕に回ってきたのである。

やだやだ、冗談じゃない。オイラが海外なんぞに行ったって、ロクな目に遭わないに決まってる。当然、断ろうとした。では何故、結果的にヨーロッパに行く事を決めたのか。

候補の国の中に、アイスランドがあったからである。

こんなに嫌だ嫌だ言っていても、長生きできれば、将来、海外に行かざるを得ない事も起きるかもしれない。アメリカはもとより、中国、韓国あたりは可能性があるだろう。イギリス、フランス、イタリア、なんてのも、あるかもしれない。しかしさすがに、アイスランドはないだろう。個人的な強い興味で、ポジティブに行動しなければ、まず行かない国である。行けば、神秘のオーロラだって見られるかもしれないではないか。

そんなこんなで、重い腰を上げる事にした。

誰か二ツ目さんも一緒にというので、春風亭正太郎さんをお願いした。さん喬一門の弟弟子にも二ツ目は五人いるが、誰か一人を連れてって、彼らが喧嘩になっては困る。誘っても全員に断られたら、僕が傷つく。それで正太郎くんを頼んだ。

このたびのコーディネーターであるクララさんはもちろんの事、写真家の武藤さんに、いろんな落語会やイベントでお世話になっている馬場さんが、お目付け役で同行してくれるという。ならば心強い。行こうじゃないか、ヨーロッパ。

僕らは十二日間の欧州ツアーへ旅立った。その旅の顛末をまとめたのが、本書である。

ただこの本、僕の名前を冠してはいるが、白状すると、僕が執筆した訳ではない。書籍化のお話をお受けしたものの、正直、一冊の本を書くだけの、時間的な余裕が、今はない。結局、僕の一人称ではあるが、別の方に聞き書きをして頂く事になった。

読者の皆さん、申し訳ありません。騙すつもりじゃないんです。どうぞ勘弁してください。

ゴーストライターという訳でもないが、執筆してくれたのは、アイルランドのゴーストではない。一緒に欧州を旅してくれた馬場憲一さんである。同じ場所に行き、同じ物を食べ、同じ物を見聞きして、僕などよりはるかに記憶も確かな、頼れる兄貴分だ。

僕に馬場さんに、クララさん、武藤さん、正太郎くんと、旅のメンツが勢揃いして、御徒町の居酒屋で、ワイワイ旅の思い出を語り合った。その録音を馬場さんが、一冊にまとめてくれたという訳だ。

本書を通じて、読者の皆さんが、一緒に欧州四カ国を、旅して頂ければ幸いです。

あ、この前書きは喬太郎本人が書いています。

01 DENMARK
デンマーク
オーフス
字幕付き落語に挑戦

成田空港の出発ロビー
コペンハーゲン空港で一服
デンマークの車窓から
オーフス到着
朝のシャレ散歩
オーフス大学での落語公演
字幕台本作りについて
初回公演を振り返る
打ち上げでのサプライズ
さよならデンマーク

オーフス大学にて、
ゴジラのイラストを使った所作の解説。

デンマーク語の
字幕を付け、
欧州公演初の
『寝床』の高座。

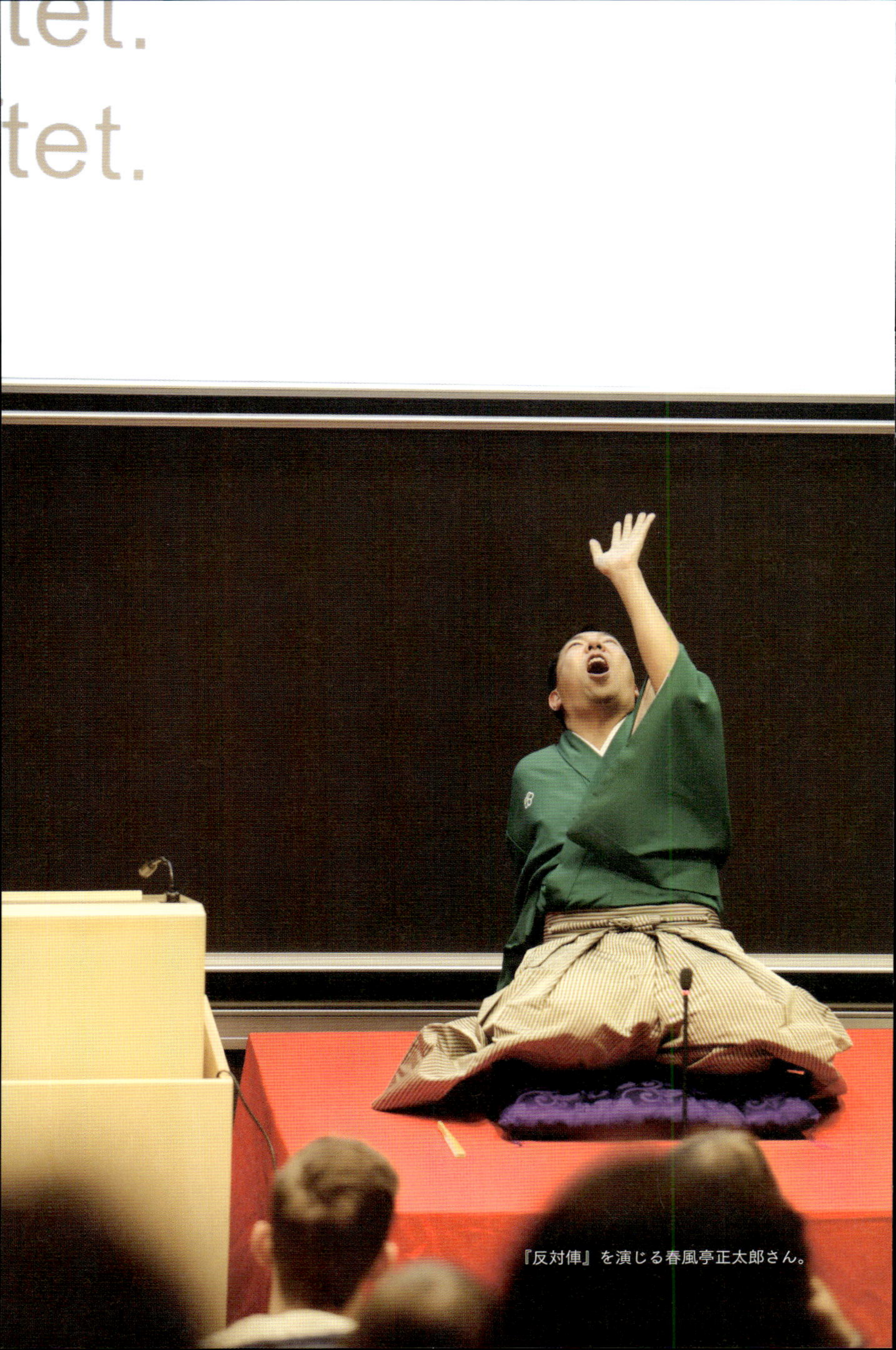

『反対俥』を演じる春風亭正太郎さん。

落語を楽しむ学生の皆さん。

オーフスで見つけた“長屋”（上）。
コペンハーゲン空港のカフェにて（下）。

オーフス市内の散歩中に、
太田道灌公のような銅像を発見！

02 IRELAND
アイルランド
コーク
波乱を乗り越えて

ダブリン空港の入国審査
ティル先生との出会い
極上の B&B
港町コーブの幽霊
フィッシュ＆チップスのおっさん
朝の幽霊
ブラーニー城の伝説
初回の落語ワークショップ
高座の下見
コーク大学での落語公演
同じ人間として
ダブリン行きの長距離バスで
アイルランドの花色木綿
朝の珍事

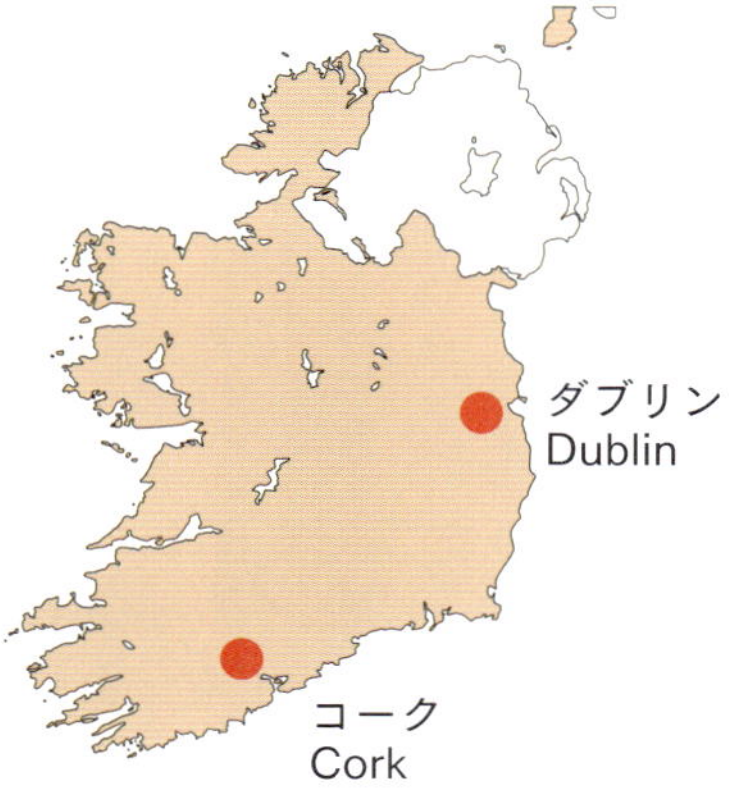

アイルランドの落語公演は、
コーク大学の記念講堂が会場。

コーク大学にて
ワークショップ
（上・下）。

高座風景。

ブラーニーハウスを背景に、
案内人のレアさんと。

コークの劇場前で。

03 UNITED KINGDOM

英国

ケンブリッジ
心が共鳴するとき

名門ケンブリッジ大学探訪
地名の由来とカレッジ制
ニュートンのリンゴの木
学生寮への招待
夕闇の中の孤独
迷子と探偵
夕食での会話
ケンブリッジの『船徳』
ケンブリッジの『寝床』
ケンブリッジ大学での落語公演
ケンブリッジの別れ

ケンブリッジ大学で、
英語字幕付き落語公演。

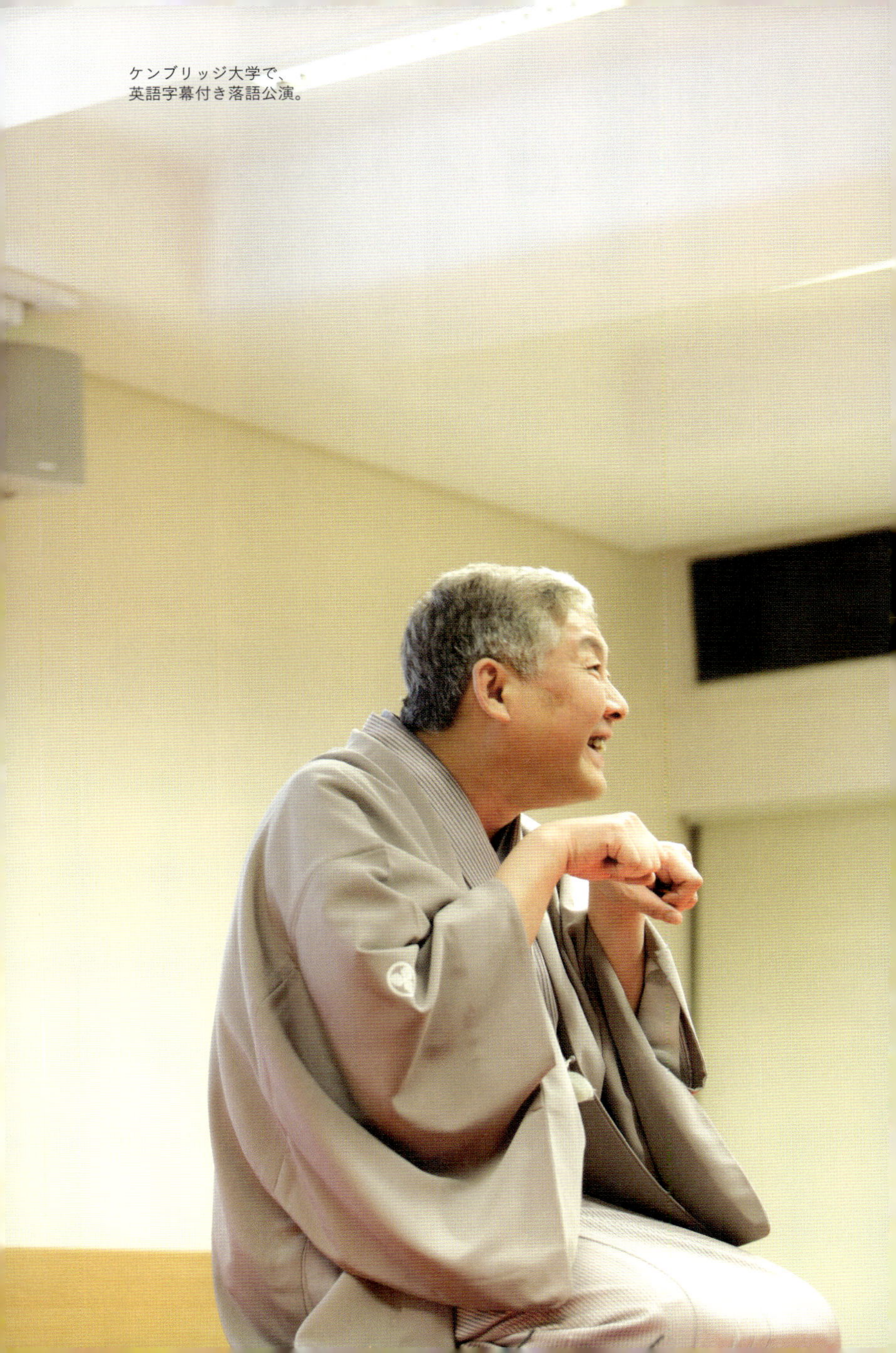

ダイナミックな動きを見せる高座に
観客の心は釘付けに……!?

ケンブリッジ大学の女学生たちに囲まれて。
左からメルさん、ジョアンさん、テシさん、ディディさん。

ケンブリッジ大学の
セント・ジョンズ・カレッジにて。

04 ICELAND

アイスランド

レイキャビック
落語に国境はない!?

世界最北の首都レイキャビック
オーロラを求めて
大自然のゴールデンサークル
北極圏の雑感
在アイスランド日本大使公邸晩餐会
最後のワークショップと落語公演
春風亭正太郎という男
ささやかな打ち上げ
腕時計のこと
帰国直後の愉しみ

アイスランド大学でのワークショップ風景。

アイスランド大学で
欧州公演最後の『うどんや』を演じる。

公演後に一服。

ストロックル間欠泉や
シングヴェトリル国立公園で、
ツアーに同行した馬場さん、
ムーチョ（武藤）さんらと。

成田空港に笑顔で到着。

CONTENTS

聞き書き・構成――馬場憲一

写真――武藤奈緒美

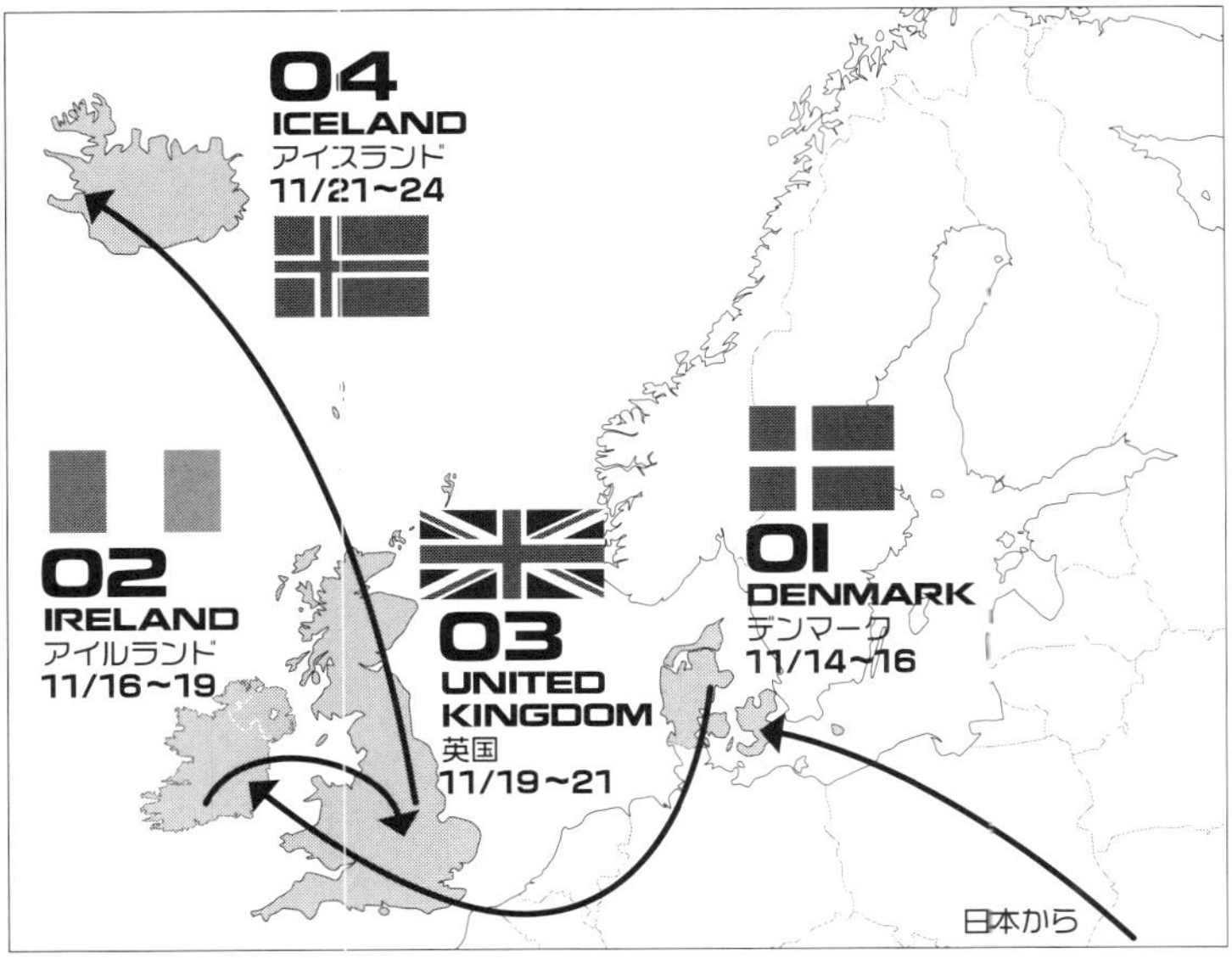

港町オーフスにて、海を背景に。

01
DENMARK

第1章

デンマーク

オーフス

字幕付き落語に挑戦

成田空港の出発ロビー

二〇一七年十一月十四日。
僕、柳家喬太郎にとって初めての海外。
出発の朝、不安だらけな気持ちです。
まさか自分がヨーロッパにまで行くことになろうとは。
この旅、うまく行くのだろうか。
海外で僕の落語は受け入れられるのか。

気がかりがもうひとつ。
とても大事な仕事。
帰国後、半年しないで初日を迎えるお芝居。
井上ひさし作、ラサール石井演出の『たいこどんどん』。
この僕が井上ひさし先生の代表作に出るのです。
しかもW主演のひとりとして。

この二つの案じ事を抱きながらの出発なのです。

ところが、なんでしょう、自宅に近い池袋から成田まで、せがれとかみさんと一緒で、ちょっとした小旅行気分。初めて成田空港に行くということにちょっぴり楽しさを覚えている。おかげで少しだけヨーロッパへの旅の不安が薄らいできたような……。

いやいや、気のせいだ。この感情の揺れ動き、やはりいろいろ心配なんです。

そんな気持ちで成田空港の出発ロビーに着きました。

旅の仲間は、二ツ目の春風亭正太郎くん、長年ヨーロッパの落語公演をコーディネートしている通訳業のドイツ人クララさん、いろんな落語会を企画しているざぶとん亭ババさん、写真家のムーチョこと武藤さん。

僕以外はみんな海外の旅には慣れている。

頼りにしてますよ、皆さん。

まずは出発の記念写真をと、出国直前にムーチョの撮ったその写真を見たら、意外や、僕の顔が笑って写ってるんですよ。

笑ってるとは言っても、〝もうこれジタバタしてもしょうがねえや〟って、そんな顔なんです。

高座に上がる前、どんなに落語が未完成で、〝稽古が足りねえよ〟という状態でも、出囃子が鳴ってしまうと、〝しょうがない、出なくちゃな〟ということがよくある。

この時もそういう笑顔。

ムーチョの写真は、ウソつかない。


出発間近の落語会では、この噺を聞いて入門しようと思った、うちの師匠さん喬の『井戸の茶碗』もかけたし、思い残すことはない。


そんなこんなで始まったヨーロッパへの旅。

揺れる気持ちのままです。


でもふと横を歩く正太郎くんを見たら、気分が変わり始めました。彼が自分の手荷物のほかに、ちょっと大きめの鞄を抱えていたんです。

その中身は、座布団、緋毛氈と、めくり一式。

紛失すると落語会ができないからと、機内に持ち込むのだそうです。偉い！　おかげで僕も少しずつ前向きに……。彼を相手に会話をしていると、普段の気持ちに戻れます。

出国前の手荷物検査とボディチェック後、出した手荷物を鞄に詰めるテーブルで、

「正太郎、なんかこの机、スーパーでレジを通って袋に買った物を入れる机みてぇだな」

「まあ、そのようなもんです」

「地方の落語会なんかで高座にする机な」

「脚をしばってつなげてね」

次の出国審査の列に並びながらも、

「正太郎、あれだろ、あそこの〝吉原大門〟のところでもって、髭をはやしたおじさんが『あの野郎たち五人で入ったのに、帰りが三人とはおかしい』とか調べてんのか？」

「まあ、そのようなもんです」

春風亭正太郎くん、ノリが良くって助かります。

出国審査を済ませたら、もはや国外みたいなもんなんですね。免税ショップの煙草の安いこと安いこと。ムーチョがさっそく買っている。

僕が初めて免税ショップで買ったのは、腕時計。

普段使っている懐中時計を忘れちゃいましてね。成田に着いたら旅の仲間全員が腕時計をしているのに気がついた。そう言えば、持ち物リストにも書いてあったし、腕時計は必要だよって教えられていたことを思い出した。旅慣れぬ初心者として、ここはルール通りに準備せねばと思った次第。

腕時計を免税店で買ったなんて言うと、何万円もするブランド？　なんて思ってらっしゃいません？

残念でした、千五百円也。

立派に動く。これで充分。

そうこうしてたら出発時刻。

成田空港の搭乗口で
「行ってきます」。

僕らを乗せたスカンジナビア航空は飛び立つのです。
不安な時は、とっとと寝ちゃおう。
さらば、日本よ。待ってろ、ヨーロッパ。

コペンハーゲン空港で一服

現地時間、十一月十四日午後四時に北欧デンマークに到着。

我が人生、初めてのヨーロッパです。どんな国なんだろう。ちょっと緊張しながら飛行機を降りました。

そしたら、ね。エアポートってわかんない言葉だらけなんだろうと思っていた僕の目に、真っ先に飛び込んできた文字が、

コペンハーゲン出口

なんと日本語。カタカナです。

乗り継ぎ便

またも日本語。しかも漢字。なんだよ、ちょっとガッカリだよ。

コペンハーゲン空港（上・下）。

いっそデンマーク語だけで書いてくれよ。そう思いながら初の海外の空港を歩いていたんです。ぐるりと周りを見渡すと、スターバックスとかバーガーキングとか日本でもお馴染みの店もある。

それにしても、長いフライトでした。やっとここで僕は煙草タイム。吸える場所を探して表に出ると、ありがたいことに、空港出口のすぐ近くに灰皿がある。さっそく一服。いつもの味は落ちつきます。

ムーチョがすばやくカメラを構えるので、意識して遠くの景色を眺めてみる。見渡すと、空は夕暮れ前のうすい青。

あれ？　空、街灯の柱、街並み……、この風景、どこかに似ている。

……ここ、千葉？

それも、船橋、市川、松戸、柏などの大きい街ではなくて、もっとピンポイントの第三セクターが作ったみたいなところ。

街灯の柱が並ぶずーっと向こうに東西線の妙典駅とかありそうな……。

そこで、みんなに聞いてみた。

コペンハーゲン空港の外観。

「なんか、コペンハーゲンって東葉《とうよう》勝《かつ》田台《ただい》みたいだね」

ここには東葉高速鉄道は走っていない。

「な、正太郎、あっちに行ったら葛西だろ」

「違います！」

きっぱりと正太郎くんは言う。

我ながら妙な感想だ。この全然知らない国の空港で目に付いた日本語表示とか見慣れているチェーン店を見て、〝なんだよ、池袋と変わんないじゃん〟と思ったからなのだろうか。自分でもよくわかりません。

そんなわけで、北欧の第一印象、
〝コペンハーゲン空港あたりは、東葉勝田台。〟
ごめんね、デンマーク。

デンマークの車窓から

さて、空港からコペンハーゲン空港カストルップ駅へ。
あれ？　この駅には改札がない。

「〝ヨーロッパの駅には改札がないんです。だって映画『終着駅』のローマ・テルミニ駅、モンゴメリー・クリフトが恋人を追いかける時、いちいち改札で切符を出してないでしょ〟って、永六輔さんが言ってたよ」とは、ババさんの弁。うん、そうかそうか。

「欧州は車内改札がしっかりしています。キセルすると罰はそうとうキビシイですから」とクララさん。しかし、〝キセル〟ってどんだけ日本語に精通してるんだ。

コペンハーゲン空港カストルップ駅にて電車を撮影。

僕らが降り立ったのは、最初の目的地オーフスに向かうための電車のホーム。ここからオーフス中央駅までの鉄道の旅が始まる。

夕暮れが迫り、ホームには一組のデンマーク人のカップルと僕らだけ。気温も下がり始め、ほぉ、これが北欧の空気感か……。

と、その時、心の中に石丸謙二郎さんのナレーション、そして『世界の車窓から』のメロディ♪

ほどなくしてホームに電車が滑り込む。この電車がとても素敵で、まさにリアル『世界の車窓から』。

乗り込むと、なんと僕らは一等車。アガサ・クリスティの小説に出てきそうなクラシカルで豪華な車両。名探偵ポアロが乗っているんじゃないかという雰囲気もある。

Næste station
arhus H 20.12
20.11
Ud & Se
CPH

嬉しいことに、この一等車両にはコーヒーや美味しいお菓子もサービスで付いている。

クララさん曰く、「二等も一等も料金はそんなに変わらないんです。安くはないですけど、思ったほど高くないんです」。

僕らが思っている西欧的な雰囲気って、やたら高級かと思っていたんですけど、考えてみたら、鉄道は公共の交通手段。市井の人々のほんの少しの贅沢なんですね。不思議なもので、この電車に乗ってようやく異国情緒に触れた気がしました。

この路線は、コペンハーゲンがあるシェラン島と近くの島々とに長い橋を架けてカテガット海峡の上を渡ってユトランド半島でヨーロッパ大陸につながるという北欧デンマークの名物路線なんだそう。

車窓から町の灯りやプラットホームに佇む人々を見ていると、この土地の人の営みや生活の匂いみたいなものを感じる。

この海辺の町は昼間に見たらどんな景色なのだろうか。大都会じゃない安らぎが味わえそうだな。

この鉄道のおかげで、初めての海外への不安がほんの少し薄らいだような気がした。

オーフス到着

列車がオーフス中央駅に到着したのは、午後八時二十分。

デンマーク第二の都市オーフスの駅舎は石造りで重厚な印象……、けれど、惜しいかな、駅の構内にセブン－イレブンが二軒もある。またしても、日本と同じでがっかりするかと思いきや。

このセブン－イレブン、入ってみたらなぜか高級感がある。構内が石造りのせいなのか、物価が高いせいなのか、僕らが慣れていないせいなのかわかりません。コンビニはコンビニなのですが、並んでいる商品も随分違い、ちょっとした高級スーパーみたいなのです。

さっそくクララがヨーロッパのお菓子を買って、「はい、どうぞ」とみんなに食べさせている。ところが、美味しいと思って口にしたムーチョが、「何これー、変な味！」と仰天。吐き出そうとして吐き出せないで困っている。ドイツ生まれの彼女には美味しい味が、日本育ちの僕らの味覚には合わないのを知っての狼藉《ろうぜき》！　どうやら、欧州に一緒に来た日本の友達への最初の歓迎のいたずらが、このへんてこな味のお菓子を食べさせることらしい。僕も口にしてみたけれど、ゴムみたいな味ですぐに降参でした。

なるほど、味覚に端的に文化の違いがわかる。クララが買ったのは、リコリスという お菓子。日本語で甘草を意味するリコリスは、喉にも体にも良いのはわかるけれど、この味だけは勘弁して。

駅舎の外に出たら、綺麗な夜景が広がっていた。

駅前に日本のカメラを扱っている店も見える。

正太郎くんはめざとく回転寿司を見つけたらしいが、まだ日本食は恋しくならない。

ババさんは早くビールを呑みたいらしい。異議なし。

ムーチョは小さい体で素早く動くので北欧の人にはきっと忍者に見えるに違いない。

リコリス攻撃を終えたクララがホテルの方向を確認している。頼もしい。

僕は煙草を吸いながら、駅舎の壁に寄りかかる。

日本を出てからどのくらい経ったんだろう、成田からコペンハーゲンへ、コペンハーゲンからオーフスへ、ざっと十五、六時間か。疲れも見せず、旅の仲間はみんな元気です。


オーフスのホテルは、リッツ・オーフスシティ。

あのリッツ・カールトンではありませんよ。こちらは三つ星の庶民的なホテルで、一九三〇年代の建築物。古き良き面影を残している宿である。

ここに、ひとつの古いフランス製エレベーターがあった。昇降機と書きたい趣がある。

この昇降機、木製の扉があって何の部屋かと思ってしまう。ノブをひねり、扉を開けると、どうぞお入りなさいよと客を招き入れているように見える。それがなんとも風情がある。どうやら、このホテルの名物にもなっているらしい。

このエレベーターの狭さ、似てるものがあったなあ……。そうそう、美女を中に閉じ込めて鍵をかけて、外から何本もの剣をズボズボ刺す手品の箱。小さくて不思議な箱。

北欧で初めに泊まる宿の、この老いぼれて小さなエレベーターは、正太郎くん、ババさん、僕の男三人でギューギュー詰めになる狭さ。

きっと昔は贅沢だったんだろうなあ。ホテルのキャパから言っても小さすぎる昇降

3人乗るとギューギュー詰めになる
クラシカルなエレベーター。

ホテル内のレストランで夕食。

機だけれど、文句を言うお客さんもおらず、長年動いていると言う。

北欧に来て初めて泊まるのがこのホテルで良かった。

フロントの女性もとても気さくで、だんだん旅に慣れてきたような、そんな気がした。

その晩、ホテル内にあるステーキハウス「マッシュ」で、ドイツから娘に会いに来たクララさんのご両親に夕食をご馳走になる。優しい親心がありがたい。良かったね、クララさん。

この店のオリジナルビールで初日お疲れさまの乾杯。ぐっすり眠り、長旅の疲れを取ることにした。

朝のシャレ散歩

十一月十五日、午前九時。

ロビーでオーフス大学の先生と学生さんと待ち合わせをする。やってきたのは、日本語が堪能なアネモネ教授、日本語学科のアントンくん、アスビョーンくん、アレクサンダくん。

デンマークの人は美男美女が多い。かっこいいけど嫌味じゃないんですよ。男子学生さんたちは、顔が小《ち》っちゃくて、八、九、ええいもはや十頭身男子ですよ。

僕の顔で十頭身なんつったら、身長五メートルくらいになっちゃうかも。

その小顔の男子学生に連れられて市内観光へ。

北欧の朝の散歩はとても気持ちが良い。

「あそこ、ぼくたちが通った高校なんです」

「へえ。みんなまじめだね、ちゃんとタバコは外で吸うんだ。……おいおい、高校生じゃねえかよ」

やるね、デンマーク男子。

十頭身男子学生のアントンくん、
アスビョーンくん、
アレクサンダくんと正太郎さん。

可愛い街並みの中、カラフルで小さなお家《うち》のある一角。

なぜかババさんが双眼鏡を持っていて、屋根のほうを覗いてる。ん、ノゾキ？　ババさん、そういう趣味か？

双眼鏡の先に、黒と白の色をした野鳥が見える。あぁ、こっちの趣味か。

「カササギだよ」ババさんが言う。

「村上春樹の小説にも出てくる」とムーチョ。

「ねじまき鳥クロニクル」と正太郎くん。

「ヨーロッパでもハルキは人気があります」とクララさん。

なんてことはない会話だけど、一羽の野鳥だけで話題が広がっていく旅の仲間も、この旅を楽しんでくれている。なんだか、気持ちがほっこりとする。

朝のオーフス散歩は続きます。

「お、正太郎くん、あそこに小っちゃくて風情がある家があるねえ。あれはデンマークの長屋かね」

「あ、ほんとだ。つながってますね。長屋みたいですね」

「ああいうところにはいるよ。『倅屋さん、何をしてるんだい、そこにいたら邪魔じゃあないか。おきみさん、自分の子供をひっぱたくんじゃあないよ』なんて小言を言うおじいさん」

「師匠、ここは麻布古川ですか」

てな調子で、落語『小言幸兵衛』ごっこをしているうちに、オーフス大聖堂あたりに到着。

「正太郎、あの馬に乗ってる殿様みたいな銅像はなんだ？　太田道灌公か？」

「ほんとだ、狩競《かりくら》に出かけるところですね」

「な、そうだよな」

「師匠、あそこにオーフスの劇場があります」

「ああ、あれは〝オーフス（大須）演芸場〟ね」

「オ、オーフス演芸場！　今、何を上演してんでしょう？」

「真打の披露目じゃね？」

オーフス市内で見つけた
〝長屋〞のような風景。

「何、言ってるんですか！　『ナルニア国物語』って看板ありますよ」

「ナルニアの肩に〝近日〟と書いてある」

　こんな会話をしながら、テクテク歩きましたねえ。

　しばらくすると、海辺に着いた。この日の風は、心地よい。

　昨日の列車の車窓から見た夜の海の寂しさとは全く違う世界。海がきらきら光っている。

　その海辺から見る奥行きのある街並み。

　オーフスはユトランド半島の経済の中心で、産業も学問も盛んで若い活気にあふれている。オーフス大学も国内最大規模。ヴァイキングが発見した土地という古い歴史と新しい街づくりが共存しているのだそうだ。ガイドの学生くんが教えてくれた。

　この街は、どこを切り取っても北欧デンマークの魅力を見せてくれる。逆に日本のことを考えると、海外の人が日本の風景として瓦屋根に障子の木造家屋のイメージを抱いて東京に来たとしたら、そのイメージは東京にはない。オーフスはどこを見渡しても、全部が北欧のイメージだ。数年前から街並みを整備して、より美しい都市になオーフスの街を背景に。

オーフス大聖堂にて（上）。
市内観光はつづく。

ったとのこと。景観は手間をかけないと守れなくなっているんですね。クララさんに尋ねると、オーフスは二〇一七年の欧州文化首都にもなっているそうだ。

しばらく港でくつろいだ後、オーフス大聖堂へと踵を返した。

そもそもこの大聖堂は十二世紀に建てられたオーフスの精神的支柱となる教会だそうで、パイプオルガンの大きさはデンマーク最大級とのこと。昔は船乗りが航海の前にお祈りにくる大事な場所で、今も礼拝には多くの人が参加しているそうだ。

荘厳な教会の中を歩きながら、

「正太郎くん、あの貼り紙はなんだい？」

「あれは、次の礼拝で歌う曲名が書いてあるんですよ」

海外の教会を見るのが趣味と言う正太郎くんは物知りだ。

「へえ、じゃあ、オレたち落語家で言ったら、ありゃ、〝ネタ出し〟だな」

「………くふ」

笑いをこらえる正太郎くんはエライ。教会の中ではバカなことを言わないこと、たとえ聞いても笑わないこと。以上マナー、心得なり。

うしろを振り向くと、旅の仲間にも僕の言葉が聞こえたらしくみんなクスクス笑っ

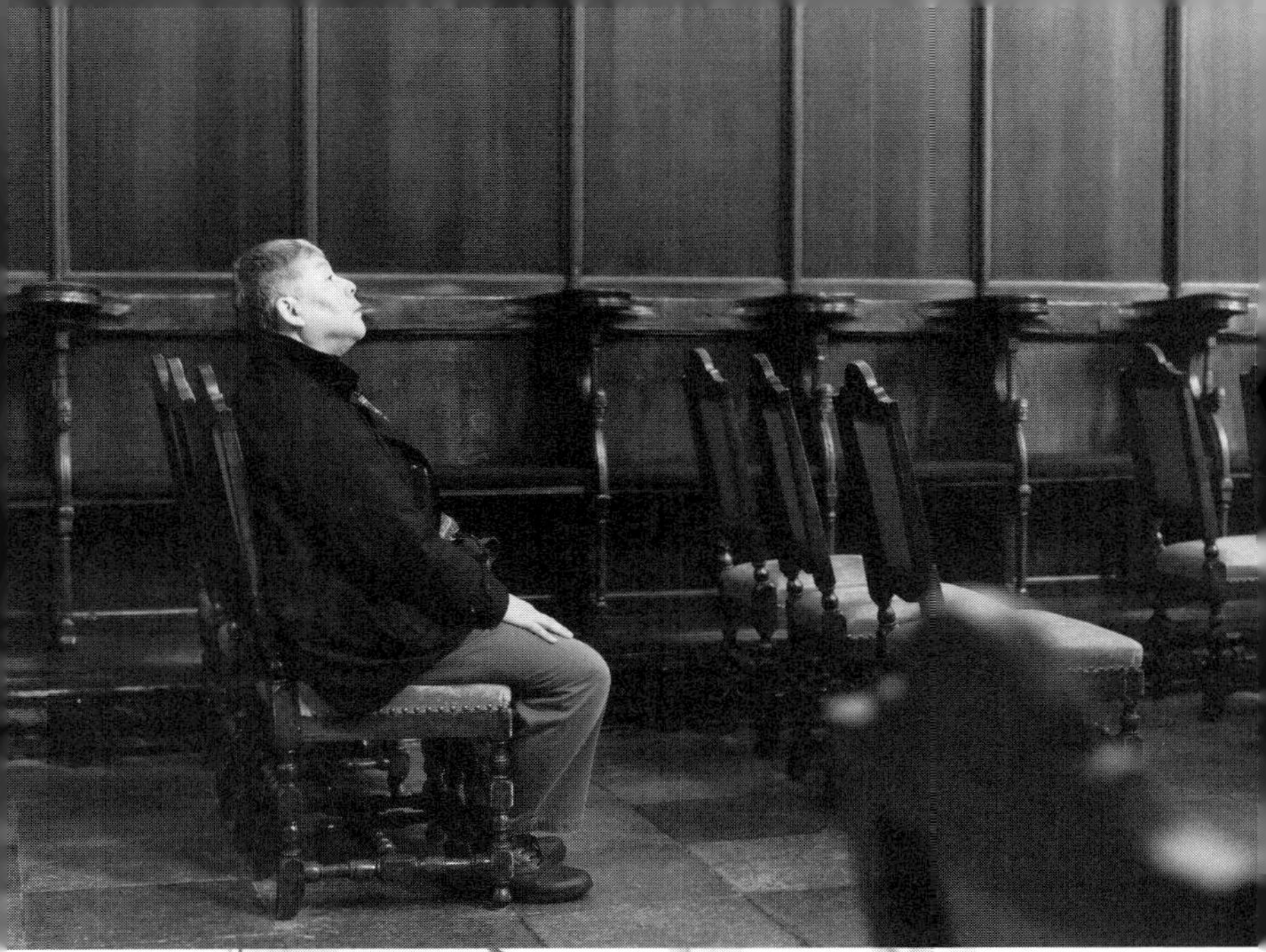

散歩の途中で、
〝おっぱい〟のような
お菓子を発見！

てる。

さて、今日の午後は初の欧州公演、ぼちぼちオーフス大学へと向かわねば。

その道すがら、地元の名物お菓子を発見。

ふわふわっとした丸いマシュマロを白や黒や茶色のチョコレートでコーティングして、上にちょんと何かが乗せてある。見た目が、まるで〝おっぱい〟みたい。美味そうだったから買ってみた。おっぱいがいっぱい入った箱を受け取り、一個ずつみんなに配る。食べてみると、これがやけに美味い。

このおっぱいみたいなケーキを食べたら、いよいよオーフス大学の公演だ。

「おっぱいは成功の元」と小さい声でババさん。

ホント、初回公演が成功しますように。

オーフス大学でランチの後は、
落語公演の準備。

オーフス大学での落語公演

ランチはオーフス大学の学食で学生たちと一緒というご趣向。

どうやってお会計するのかわからなかったけれど、学食のおばちゃんや学生たちが親切に教えてくれた。僕は現金を持っていたけれど、カードでも支払えるし、慣れない我々にも分け隔てなく手際良く対応してくれるのが嬉しかった。さすが、国際的な大学だ。

それぞれが好きな料理を買い、ガーデンランチをする。もちろん、味も良かった。広い大学の庭、紅葉も綺麗だし、公演前にこんなにくつろいでいていいのかオレたち。

食休みをしたら、いよいよ初めての海外公演の本番です。

会場となる講堂では、大学のスタッフが機敏に動いていて、高座にする机を運び入れていた。実に手際が良い。

肝心の字幕の準備をクララさんが入念にしている。

出囃子とマイクをババさんがチェックしている。

I gamle dage brugte folk i
byerne rickshaw.

ムーチョが事前に露出やアングルを工夫している。

すべて良好と連絡が入る。

「高座の高さだけは、どの国に行ってもきちんと説明していないと、なかなか確保できないけれど、ここは完璧だよ」と、前年に欧州公演を経験したババさんが褒めていた。さすが、国際都市のオーフス大学。日本語学科の学生さんスタッフも多くて、受け入れ態勢が万全です。

開演前に、外の喫煙場所で一服していると、「ボクも聴きに行きますよ」と気軽に話しかけてくれる学生さんもいた。ありがたいことだ。

開かれたマインドの人が多いのでしょう、演者を乗せてくれる陽気さがあったし、開演前からとても気持ち良かったのを覚えています。


そして本番。

まず、大学のアネモネ先生やクララさんの挨拶が短くあって、いよいよ僕の出番です。

出囃子「まかしょ」が会場に鳴り響き、教室の後ろから高座へ。出囃子が気持ちを落ち着かせてくれる。拍手もとても温かい。

所作教室では、まんじゅうなどを食べる仕草や一人で大勢の人を演じ分ける説明をする。

初めは、落語紹介。道具は、扇子と手ぬぐいだけで様々な動きを表しますよと、仕草の技法を伝えます。

写真をスクリーンに映し出し、現地の言葉のキャプションを付けて、うどんをすする、本を読む、煙管を吸うなどの基本的な所作を見てもらいます。皆さんの「へぇー」っていう反応が、こちらにも新鮮です。

面白かったのは、まんじゅうを食べる代わりに、さっき街で食べたおっぱい形のお菓子を映した時の会場の反応。笑ってましたねえ。クララさん、機転が利いてます。

興が乗ってくると、観察力も増すのでしょう。こぼれたまんじゅうを指でつまんで食べる細かい仕草にもちゃんと反応して笑ってくれる。日本と同じなんですね。

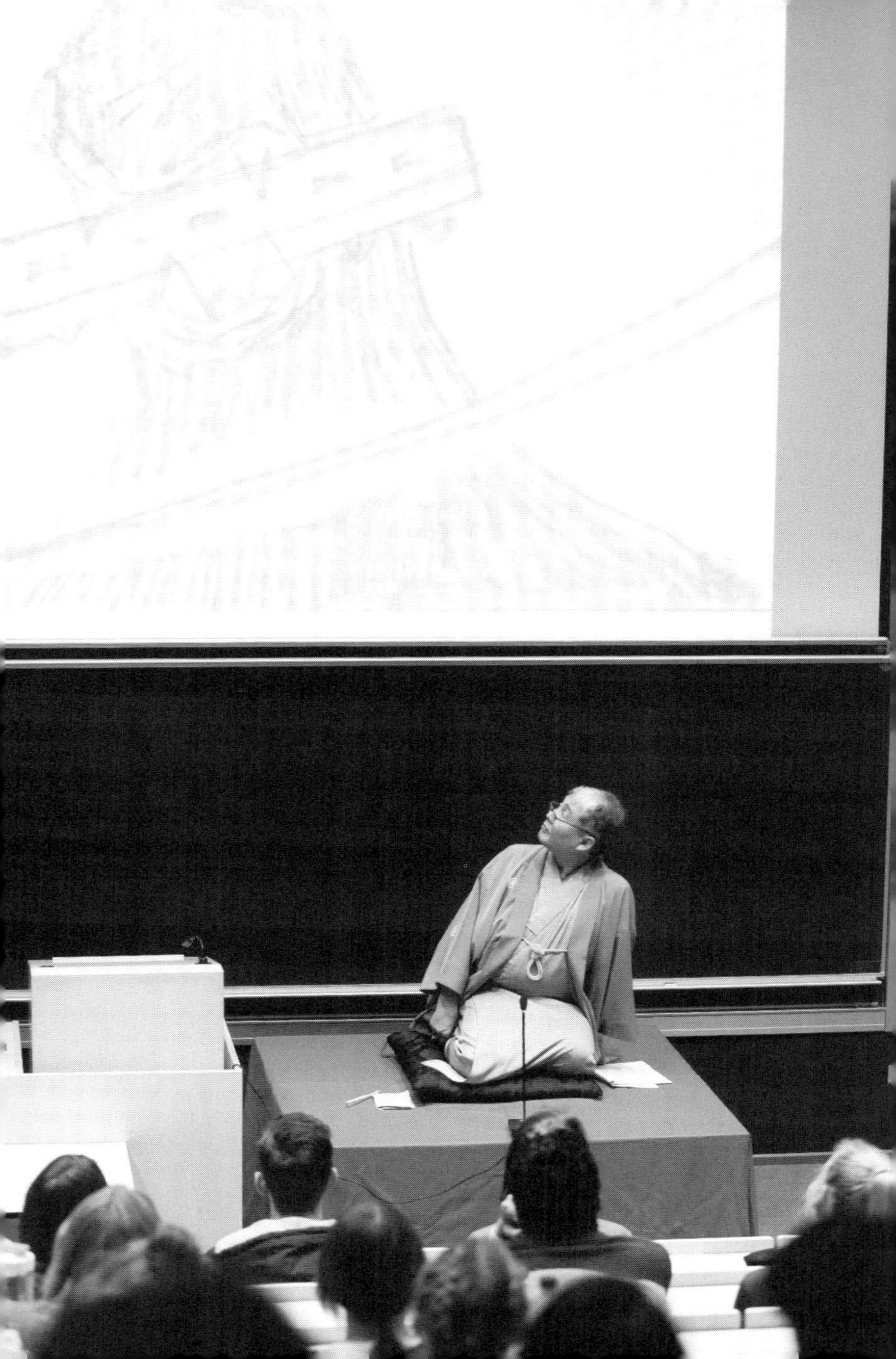

スクリーンに映し出された
電車を襲うゴジラ。

道具を使わず、上半身だけで行う〝走る〟仕草も新鮮だったようで自然と拍手が起きる。

さらに、きっかけ（スタートの合図）の後に、三味線で録音したゴジラ用出囃子が流れると、「あれ？　知ってる曲だ、なんだなんだ？」と客席からざわざわっという反応。海外公演の手ぬぐいデザインも手掛けてくれた、とつかりょうこさん作の可愛いゴジラのイラストがスクリーンいっぱいに映し出され、僕がゴジラの鳴き声をめいっぱいに出しながら怪獣になりきって身体を動かすと、大歓声が沸き起こります。さすが、ゴジラは国際的スターです。

この演出は大成功です。ドイツ出身のクララさんは、海外でも人気の日本の特撮や怪獣をうまく取り入れています。

いよいよ落語。

この公演に関しては、字幕との連携を渋谷ユーロライブのゲネプロで確認はしていたものの、どういう反応が起きるのか演ってみるまで実に心配でした。

基本的に現地の言葉に翻訳した「字幕台本」が命です。

この字幕の完成まで、いくつもの過程を乗り越えました。出来上がる過程をクララさんから伝えられた通り記しておきます。

字幕台本作りについて

1、まず落語家の口演から元原稿を起こす。
2、その日本語台本を再び落語家にフィードバックして、手直しをしてもらう。
3、日本語台本を基本として、各国の言語に翻訳する。
4、場面転換や笑いや驚きが起こるキーセンテンスの映写は、本番に演者に合わせて行う。

こうすることで、日本の客席とほぼ同じタイミングで笑いや驚き、サゲの拍手などの反応が起こるように努力をしているとのこと。すべて日本と同じにはいきませんが、かなり近いのではないかと思います。

ここまでのレベルに字幕を完成させるために、ゲネプロの後にも反省会を行い、改良する点を徹底的に磨いてきたそうです。

初公演の結論はというと、マクラという前振りの話ができなかったり、字幕と連動した台本通りに言葉を進めなければならない窮屈さは否めないものの、なかなか良くできたと思います。迎え手よりも大きな拍手をいただけました。

翻訳者の皆さん、現地スタッフ、日本人スタッフ、そして理解のあるお客さまのおかげです。

番組

落語紹介　ゴジラ他　　喬太郎

『寝床』　　喬太郎

『反対俥』　正太郎

『うどんや』　喬太郎

質疑応答　　喬太郎・正太郎

（欧州公演共通のプログラム）

初回公演を振り返る

開演前に良い環境を整えてくれて、観客も協力してこちらを乗せてくれたとは言え、やはり海外での初公演だけに心配があったのは確かです。

しかし、噺の内容が通じれば、人間の感情は国境を越えても変わらないなということを確信できた公演でもありました。

例えば『うどんや』は、夜鳴きのうどん屋と、ご陽気に酩酊した男や大店《おおだな》の奉公人との会話の中に描かれる江戸の庶民生活がなんとも愛らしい噺なんですが、棒手振り商売、長屋の人情味、婚礼、大店の下働きなど、よほど日本の文化に詳しくないと理解しづらいはずなんです。

ところが、逆に、人間の心が動くこういった噺のほうが聴き手と共鳴できるというのが素直な驚きでした。

酔っ払いにも寛容でしたし、うどんをすする音が嫌がられると思っていたら、その音にも笑いをもらえました。

実は、日本で欧州公演の演目を考えていた時、動きや表情でウケるのが確実な『ちりとてちん』にしようかな、とも思ったんです。しかし、ただ笑いを取るという喜び

『うどんや』の高座。
扇子を箸に見立て、うどんをすする。

『反対俥』を演じる正太郎さん。
字幕に人力車の絵も添えられる。

躍動感あふれる高座に、反応する客席。

終演後は一緒に記念撮影。

しかなかったかもしれません。

『うどんや』を選択して本当に良かったと、この初回の反応で思いました。笑いが多い噺ではないけれど、がっかりしたり喜んだり、そういう人の心の動きに対して、この国の方が理解してくださった。

『寝床』にも同じことが言えます。この噺には、下手くそな義太夫を店子たちに無理やり聞かせようとする困った旦那と、それに振りまわされる奉公人が出てくるんですが、どの国の人もお偉いさんのわがままに苦労してるんですね。義太夫はわからなくても、偉い人が自分の力を押し付けようとするのを馬鹿馬鹿しく感じる現実が、この国にもあるんだなと思いました。だから、この滑稽味を共感できるんでしょうね。

正太郎くんの『反対俥』も成功していました。『反対俥』は人力車の俥夫と客の掛け合いが続く噺で、スラップスティックコメディとしての作りに徹していてヨーロッパにはうってつけかもしれません。彼の芸はしっかりしているし、勢いがあるので、この演目を選択したことにセンスを感じます。

打ち上げでのサプライズ

初公演の成功を祝して、オーフス大学の皆さんと呑みましょうということになり、アネモネ先生がお店を提案してくれた。

「今日行くところは日本でいう居酒屋みたいな店です。イイですか？」

イイに決まってるじゃないですか、居酒屋が一番好きですよ。

「地元の人しか行かない店なんですが」

嬉しいじゃないですか。旅番組でもキラーワードですよ〝地元の人しか行かない店〟。

「だけど料理は注文できません。その日、ご主人が気分で作るひとつの種類だけデス」

んー？　思わぬ落とし穴。料理が日替わりのワンメニューのみか。もしキライな料理ならどうしよう……。

小さな懸念を抱きつつ、店に入る。

下町のその店は、手作り感たっぷりでネイチャー志向。スタッフの男の子もロングヘアにジーンズで、趣味の良い音楽がかかっていた。

店の雰囲気は良いのだが。さあ、果たしてこの日の料理は？

落語公演の打ち上げに参加した
大学の先生や学生さんたちと。

「今日は、デンマークのソーセージとポークと豆を煮込んだ温かい料理です」

嬉しいっすよ、僕の大好物ばかりです！

料理が出てきたとたん、すごく良い匂いがして、食欲がもりもり湧いてくる。ソーセージもポークもとっても柔らかく濃厚な味で、たまらなく美味しい。北欧の田舎料理をたっぷり堪能できました。地ビールも美味くて、ぐびぐびいってしまう。デザートのホワイトチョコレートまでたいらげて幸せな満腹感を味わう。

大学や大使館の皆さんも気さくで、堅いことなしの自由な会話も楽しかった。

日本語学科の学生さんのひとりは、日本のエネルギー政策についての論文を書いているらしい。恋人が日本人女性で、いずれは日本で就職したいのだと言っていた。

村上春樹についての研究をしている学生、日本とアジア諸国についての政治論文を準備している学生もいた。

この飲み会は、とても刺激になりました。

さよならデンマーク

十一月十六日午前五時、オーフス空港から飛行機でコペンハーゲン空港へ向かう。

　空港のカフェでコーヒーを注文すると、名前を聞かれたので、ここは本名じゃねえだろうって落語家の亭号を伝えました。

　しばらくすると、呼び出しの声が空港ロビーに響く。

「ヤナーギヤ！　ヤナーギヤ！」

「ナ」にアクセントを置いた発音で、旅の仲間に大ウケ。

　さようなら、デンマークの皆さん。ヤナーギヤ、次はアイルランドに参ります。

02
IRELAND

第2章

アイルランド

コーク
波乱を乗り越えて

コーク郊外のブラウニー城にて。

ダブリン空港に到着。
正太郎さんは座布団を脇に抱える。

ダブリン空港の入国審査

二〇一七年十一月十六日午前十一時、ダブリン空港に到着。

デンマークでとても順調に始まった欧州公演旅行。この調子で行けばいいなあ、と思った直後、アイルランドでいきなり怪しい雲行きとなった。

空港の入国審査で、居丈高な審査官に当たってしまった。意地の悪い顔つきで威張ってる。ババさんがいくら説明しても聞く耳を持たず、なかなか通してくれない。しまいには、このツアーの日本人四人を一同に呼び、じろじろとパスポートの写真と見比べたり、帰りの航空券を出せだの、旅程表を出せだの、命令口調。なんだろう、この執拗な厳しさは。

僕以外は海外慣れしている旅の仲間だけど、こんな嫌な態度の入国審査は初めてだと言っていた。

かれこれ、四、五分だったんだろうけれど、やけに長く感じた。

アイルランドは手ごわいぞ。

隣接の国々との戦いの歴史を経て来たアイルランドならではの厳しさなのか、はたまた、個人的性格か。僕にはとんとわからないけれど、何はともあれ、アイルランドは油断できない。そう予感した瞬間でもあった。

この先の波瀾万丈の、まさにここが幕開きなのであった。

ティル先生との出会い

ダブリン空港まで迎えに来てくれたのは、クラさんの友人、ドイツ人のティル先生。コーク大学の日本学科の准教授です。

このティル先生は日本に留学していた時に、なんと松竹芸能に所属して『アルトバイエルン』という名前で漫才をやっていたという変わり種。M－1にも出場したこともあるくらいのお笑いマニアという。研究テーマは笑いを中心とした日本文化というれっきとした学者さんなのだが、実に人が良いというか、無駄に人が良い好青年なのである。

この優しい人柄で、あの入国審査官みたいな武骨な人のいるアイルランドの地でやっていけるのか。会ったとたんにそんなことが頭をよぎる。

そうだなあ、第一印象でこのティル先生をたとえると、変身できないクラーク・ケントという感じでしょうか。

電話ボックスに入ってもスーパーマンにならずにそのまま出て来ちゃって、ボク強くなんかならなくってもいいやって、すぐやられちゃうんだよ、きっと。

アイルランドはそんな彼との旅でもありました。

極上のB＆B

ダブリンからアイルランド第二の都市コークへ移動。

コーク大学のすぐ近くのB＆B「ガーニッシュハウス」という宿に着きました。B＆Bというのは、ベッド＆ブレックファーストの略で、イギリスやアイルランドや北

ティル先生（左奥）を交えてアフタヌーンティーを楽しむ。

米など英語圏によくある民宿的な宿泊施設なんだそうです。

今回の旅の中で一番気に入った宿だったかなぁ。とにかく、ここのおもてなしと食事は最高でした！

エレベーターがない代わりに重たいトランクをご主人が上の階まで運んでくれるし、到着した我々をもてなしてくれたアフタヌーンティーは、紅茶やスコーンやマフィンがこのうえなく美味しい。

すべてが手作りで素朴だけど、心がこもっている。

特に朝食は近所で一番の評判だそうで、宿泊客だけでなく、近所のおじいさんおばあさんも食べに来るのを楽しみにしているんだと言っていた。

初めの朝、この宿の一番人気のメニューをお願いしたんですよ。大きなお皿に豊富にのったアイリッシュなハム・ベーコン・ソーセージ、目玉焼き、綺麗にドレッシングのかかった野菜。フルアイリッシュブレックファーストっていう名物朝食。これが、アタマがボーッとするくらい美味い。

次の朝は正太郎くんがすごく美味かったですよと太鼓判のメニューを試そうと、「サーモン、プリーズ」っておばさんに言ってみた。出来立ての鮭のお料理、これまたほっぺたが落ちるほどの絶品。とにかく新鮮で、なんとも上品な塩加減と味付け。給仕してくださるミセスも気取りない笑顔で温かい。

この宿の家庭的なおもてなしのおかげで、ダブリン空港の嫌な思いもすっかり吹っ飛びました。

港町コーブの幽霊

コークに着いた夜、僕らはちょいと変わったナイトツアーに出かけました。

海沿いを電車で三十分ほど、小さな港町コーブへと向かいます。

なんかね、感覚的には、吉祥寺から明大前経由で橋本に行くみたい。ダブリンよりもコークが田舎で、さらに田舎に行く感じが似ている。「次、京王多摩センターだろ?」

コーブにて幽霊ツアーのガイド、
マイケルさんの話に耳を傾ける。

なんて冗談を言ってるうちに着いてしまいました。

このコーブはかつてはとても栄えた港町で、かのタイタニック号が最後に寄港した港としても有名なんだそうです。

僕らがこの港町に何をしに来たかというと、なんと幽霊を訪ねてきたのです。

幽霊《ゴースト》ツアーともミステリーツアーとも呼ばれる、恐い響きのナイトツアー。

アイルランドは幽霊で有名な国で、国中に実にたくさんの幽霊伝承があるんだそうです。

このツアーのガイドをお願いしたマイケルさんという上品な紳士が、駅で待っていてくれました。

幽霊、悪霊、と言うと、映画『エクソシスト』を思い出しますが、なんと、マイケルさんは歴史学者でもあり、そのエクソシスト（悪魔払いの祈祷師）でもあるとのこと。

びっくりです。初めてお会いしましたよ、生のエクソシスト。これは、ちゃんとした職業で、しかも聖職なんだそうです。

さあ、マイケルさん、どんな怪談をしてくれるんでしょうか。


「これはこれは、よくぞ来なさった。聞けばお前さま方は、極東の弓なりの国、ジャポンとやらから来たとのこと。ささ、こうべを上げなさい、ペコペコせんでもよろしい。我が国アイルランドには実にさまざまな奇談、怪談、不思議な話がございましてな、何やらジャポンにもそのような話が……、おや、またペコペコして、いつまでも敗戦国を引きずることはないのじゃ……。

今宵は、二時間という短い時間ではあるが、そこの辻に残っている恐ろしい話、路地裏の奇譚、そこの港、あの駅、あの家……、この街のそこかしこに残る不思議な話をゆるゆると申し上げましょう……」


きっと、マイケルさんはこんな感じで、まるで白石加代子さんの『百物語』のようにおどろおどろしく伝えてくれると思うじゃないですか。

ところがこの紳士、「ハロー！」と実にさわやかな声で、しかも軽やかな口調なのでした。

でも、じつに熱心にいろんな怪談を教えてくれましたよ。まず、駅を出るとすぐに立ち止まって最初の幽霊話、終わって五メートルほど歩くとまた別の幽霊話。もう次から次へと、こんなにあるのかと思うくらいの怪談の数々。

印象的だったものをいくつか紹介しましょう。

「皆さん、目の前の三階建ての建物を見てください。雑居ビルで一階に『ｃｈｉｃｋｅｎ』とネオンサインのあるレストランのあるビルです。

あれは、一九九〇年のことでした。このビルの二階にレイという青年が、三階にジョーという青年が住んでいました。二人は大変に仲が良い。ジョーには彼女がいて、レイにはいない。ある夏のこと、ジョーが彼女とバカンスに行っている間、留守の部屋を頼むね、とレイに鍵を預けた。

ある晩、レイがジョーの部屋に行くと、窓は開いていないのにカーテンが揺れている。おかしいなと思っていると、地震でもないのに箪笥がカタカタ鳴っている。何があったんだろう……とその時、向こうの壁からひとりの見知らぬお婆さんがすっと現

THE WELL HOUSE
RESTAURANT

ジョーとレイが住んでいたという
建物（下写真左側）を見る一同。

れてこっちの壁に消えていった。なんて恐ろしいものを見てしまったんだ。しかし、気のせいかもしれない。明日また来てみよう。翌日、レイがそっと部屋に入ると、窓を閉じたままのカーテンがそよぎ、箪笥が鳴り、そして同じお婆さんが壁を抜ける。これはもはや気のせいではない。ここは幽霊の部屋なんだ。

しばらくして帰って来たジョーに鍵を返し、ことの次第を説明すると、ジョーはそんな訳はないじゃないか、と言う。レイはもうこのビルに住めないと思い、引っ越しをした。

……おしまい」


えーっ、ここで終わりなの？

ウッソー、その先が聴きたいんですけど！

僕だけじゃない、正太郎くんもクララさんもムーチョもババさんも話が終わったとたん、心の中でズッコケていたに違いない。オレたちはドリフのコントか。

このお話、起・承・転・結でいったら、起・承で終わりってことですよ。転・結が聴きたい。その後のジョーの部屋が気になるじゃないですか。

「で、今、その部屋はどうなっているんですか？」とマイケルさんに尋ねたら、

「レイは怖くなって引っ越したけど、ジョーは今もその同じ部屋に住んでいます」

そう言うではありませんか。

じゃ、そのジョーに直接聴きに行こうぜって、みんなで盛り上がったりなんかして。

「今晩、ジョーは帰ってきますかね？」

そう尋ねようとした時には、マイケルさんはもう次の場所へと歩き始めていました。

しょうがないんで、正太郎くんとサゲを作りました。

「ジョーとレイだけに、除霊しました。おしまい」


もうひとつマイケルさんから聴いた印象的なお話。


「アイルランド国内は、ほうぼうに霊が棲んでいます。全部が悪い霊ではなくて、九割は先祖の霊などの良い霊です。残りの一割が悪霊です。その悪霊の中でも悪魔と言っていいほどのとてつもなく悪くて強い霊がいる。

ある人にその極悪の霊がついてしまった。そこで、霊験あらたかな神父さんが呼ばれ悪魔祓いをした。

ところが、あらゆる手を尽くしてもその悪霊がいっこうに落ちない。全身全霊をか

パブでビールをいただく。

けてやったが落ちない。ついにその神父さんの手のひらから炎が吹き出してしまった。

……おしまい」

だから、その先を教えて〜！　またも心の中で地団駄を踏む我ら。

しょうがない。これも正太郎くんとサゲを作ってあげました。

「神父も手を焼いたんでしょうなあ」

この一風変わったゴーストツアーの後、マイケルさんお薦めのアイリッシュパブへ。

地元のミュージシャンが奏でるアイリッシュ音楽が心地好くて、正太郎くんとババさんはバンドの前のテーブルで、僕はカウンターでアイリッシュビールをいただく。

おすすめのビールがあるんだよって聞かされたSmithwick's《スミディックス》なる黒ビールをぐびぐび。

ギネスやマーフィーズも美味いし、日本ではあまり知られていないこういうビールにありつけるなんてのは、旅に出なくちゃわかんない愉しみですな。ぐび、ぐびぐび。

音楽があって酒があって、このアイルランドの田舎町のパブで、ぐび、ぐびぐびぐび。

フィッシュ&チップスのおっさん

幽霊の港町コーブから海岸線を戻り、再びコークへ。

コークの街で見かけた劇場を〝コークリッツ（国立）演芸場〟とか言いながら街を散歩する。通りの風情がじつに下町で、なんか荒川区みたいなんです。

腹が減ったので、ティル先生おすすめのフィッシュ&チップスのお店へ。

この店がね、なるほど、実に繁盛してるんだけど、酔っ払いはいるし、紙くずは落ちてるし、ラフな店なんです。

注文を済ませてお金を払い、テーブルで待っているとお腹がグーッと鳴る。なかな

フィッシュ＆チップスの店で
陽気なおっさんに出会う。

か来ねえなあと人待ち顔で厨房を眺めていたら、隣の席で若者と語らっていたおっさんが、目ざとく気づいてくれた。

「おーい、こちらのアジアのあんちゃん達が待ってんじゃねえかよ、急いで作ってやれよ」と、厨房を急かしてくれた。

どうやら、このおっさん、すっかりご酩酊。ベノレケで、僕たちの世話を焼いてくれる。目がクリッとして可愛い顔でね。まるで『うどんや』に出てくる酔っ払いみたいに陽気なのです。なんならビール奢るぜってノリで、いろいろ話しかけてくる。「あんちゃん達はどっから来たんだい？　日本？　また遠いとこから来たな。わざわざこの店のフィッシュ＆ポテトを食うためにか？　そんなわきゃねえか。まあ呑め呑め」なんてことをしゃべっているんだ、たぶん。酔っ払いコークの市内観光。
案内人のレアさんが先頭を歩く。

の言うことは、アイルランドも日本も一緒ですもん、きっと。

やがて、このおっさんのおかげで注文した料理がどんどん出てきてテーブルを埋め尽くす。アツアツの鱈のフライとじゃがいもがうめえうめえ。盛り付けもこんなに食えるかってくらいすごい量。僕たちが美味そうに食っているのを見ながら、おっさんが自慢げだ。なんとなくわかります、その気持ち。

ムーチョがカメラを向けるとウインクとかして、茶目っ気もあるんだよなぁ。僕らのテーブルでひとしきりしゃべっていると、馴染の客に「呑み過ぎだ、気をつけな」とか言われたんでしょうな、肩を抱かれてタクシーに乗せられ帰って行った。

思いおこせば懐かしい。お人よしで酔っ払いのあのおっさん、コークの街で元気にしてるかな。

朝の幽霊

十一月十七日、幽霊ツアーの翌朝は、名所観光です。

ガイドしてくれたのは、コーク大学卒業生のレアちゃん。日本語も上手で一生懸命に説明してくれる。

レアちゃんに、昨夜はゴーストツアーに行ってきたんだと言ったら、いきなり彼女の好きな怪談をしゃべり始めた。朝に聞く幽霊の話が不思議な感じでした。

レアちゃんが語ってくれた幽霊譚は、地元コークに伝わる有名な伝説らしいんですが、細かいところは忘れたので、翻訳家でもあるクララさんにきちんと調べてもらいました。ご紹介しましょう。

『ホワイトレディ』

アイルランドのコーク州にあった巨大な要塞に古くから伝わる、これは悲しい物語。

この要塞の最高責任者であるウォレンダー大佐は、大変に厳格な軍人であった。早逝した妻の死後、男手ひとつで育てた一人娘を溺愛していた。

娘の名前はウィルフィル。美しい娘と結婚したい男はたくさんいたが、厳しい父親に認められる男はいない。やがて、娘の前に高貴で勇敢なトレヴァー卿という男が現れ、二人は恋に落ちる。ようやく父親にも認められ、めでたく結婚となる。

盛大に催される要塞での結婚の宴。花婿トレヴァー卿も祝い酒をたらふく呑まされた。宴も終わり、新婚の二人は外に出て、幸せを噛みしめながら城壁の上を歩いていた。その時、城壁のはるか下の方に、満月に照らされる綺麗な白い花を見つけた。花嫁ウィルフィルがその花が欲しいと言うので、花婿トレヴァー卿は近くで警備をしていた哨兵《しょうへい》に取りに行かせた。警備が怠ることのないように、哨兵の制服と銃を預かり、誠実な花婿はその服を着て哨兵の代わりに見張りについた。ところが、哨兵は城壁の急な傾斜を登るのに手こずり、なかなか戻れない。花婿は、愛する花嫁を部屋に戻し、自分は忠実に警備に当たっていた。しかし、結婚式の疲れと酒のせいで、つい居眠りをしてしまった。

父親のウォレンダー大佐は結婚式であろうが、自分の職務である見回りを欠かすことはなかった。運悪く花婿が居眠りしているところに来てしまった。

悲劇の始まりである。

よもや花婿トレヴァー卿とは知らない。声をかけても返事がなく、部下の見張り番が居眠りをしているのだと思い、軍の規則により銃殺してしまった。

窓からそれを見た花嫁が嘆いて駆けつけるが、すでに花婿の命はなかった。花嫁は深く悲しみ、泣き叫びながら城壁の上から身を投げ、愛する夫の後を追う。

父親も、自分の犯した間違いを悔い、海に身を投げる。

やっと訪れた幸せが一瞬のうちに悲しみに変わってしまった。

二人の軍人は天国に召されたが、花嫁の霊はこの要塞に留まった。

それ以来、白いドレスを着た幽霊が軍の高官に害をなしたという。

いまでも、この要塞跡には、白いドレスの幽霊が現れ、嘆き悲しんでいる……。


うん、そうそう、こういう話だったなあ。

僕の記憶の中でも、情報の行き違いで起こる悲恋として残っていました。レアちゃんから聞き終わった時に、これでひとつ人情噺が作れるかもしれないと思ったっけな。

それにしても、昨夜のゴーストツアーのガイドのマイケルさんも、このレアちゃんも、日常の話として当たり前のように幽霊の話をしてくれました。レアちゃんに至っ

ては、〝アタシの好きなオバケのハナシはね〟ってとても軽いノリで。誇張も演出もなく、仲良しのクラスメートのことを教えてくれるみたいでした。

こんなふうに、知り会ったアイルランドの人たちにとって幽霊が身近な存在でびっくり。まるで幽霊と一緒に生活しているみたいです。

聞くところによると、ハロウィンはもともとアイルランド発祥でケルト人の宗教的行事なんだそうです。日本の盆と同じように先祖の霊が帰ってくると信じられていると言うことです。

ダブリンに暮らした小泉八雲（ラフカディオ・ハーン）の作品を僕も演らせていただいているので、この地に伝わる幽霊伝承をとても興味深く聞けました。

ブラーニー城の伝説

さて、この朝、レアちゃんが連れて行ってくれたのは、コーク郊外のブラーニー城。十五世紀に建てられたというこの地の貴族の城で、城壁にあるブラーニーストーンという石にキスをすると、その人を雄弁にしてくれるという言い伝えがあるんだそうです。日本ではなかなか得られない情報。

二階建てのバスに乗り、しばらくすると田舎の風景。凸凹道の乗り心地を、みんなで子供みたいに楽しんでいたら、あっという間に目的地に着きました。

レアちゃんによると、話が上手になるブラーニーストーンの伝説は、城と土地を明け渡せとエリザベス一世の使者に要求された城主が言葉巧みに忠誠を誓うと見せかけ、イギリスに降伏もせずに城を守った逸話から由来しているのだそうだ。

この逸話から転じて、英語の「ブラーニーの才能」という単語は、口がうまいとかお世辞という意味があるらしい。

とにもかくにも、城のてっぺんに登って壁にキスをすると、たちどころにしゃべりが上手くなるって言うので、それじゃあ、いっちょやってみようぜと、まずはみんなで入り口探し。

お、ここだここだと入ったら、えらい狭い所に迷い込んじゃった。狭いし、暗いし、足元はぬかるんでるし。

「なんか八つ墓村みたいだね」とつぶやくと、正太郎くんが、「難所ですねえ」って言うもんだから、「ね、難所だねえ。難所難所、ごめんなんしょ」と出口を探しました。

なんとか抜け出し、ちゃんとした入り口を見つけ、階段を登り始めたんですが、これがきついのなんのって。傾斜が急だし、段差がバラバラだし、やけに狭いところもあったりする。レアちゃんによると、敵に攻め込まれた時のために登りづらくなっているんだとか。そうか、ホントに難所だったんですね。

やっとのことでてっぺんに辿りついて、どんなふうに壁にキスをするかっていうと、ここですよ、命がけなのは。

キスをするブラーニーストーンのある壁の前には、なんと床がない！　城郭の最上部に出し狭間《だしはざま》という開口部がぽっかり口を開いている。中世の戦争ではそこから敵に石を落としたそうです。その開口部から下を覗くと、地面の人間がすごく小さく見える。地上三〇メートルくらいの高さなんです。おまけに強めの風も吹き上げている。

このなんの防御設備もない開口部の手前の床っぺりに、観光客が仰向けに寝かされて、足を押さえられ、高い空中に上半身を浮かすんですよ！

それだけで充分怖いのに、なんと空中でぐーっとのけぞり、ブラーニーストーンのある壁にキスをする。言わば、空中イナバウアー。できます皆さん？

先に着いた人たちがやるのを見てたら、のけぞってもなかなか向こう側の壁に顔が届かなかったりするんですよ。足を押さえているおじさんに「がんばれがんばれ」って応援されてやっている姿は、もはや空中拷問です。

安全ベルトとかの防御設備は一切ない。押さえてる人の鼻っ先に蜂かなんかが飛んできて、くしゃみでもしようものなら押さえている手が離れ、宙でのけぞったまんま頭から地上に落下しちゃいます。せっかく苦労しててっぺんまで登って来たのに、現場を見たらあまりに怖くてあきらめる人もたくさんいます。

でもねえ、はるばる日本からここまで来たんだから、やってみましょうかね。いっそ、ここで死んだら、ニュースの見出しは、「柳家喬太郎、ブラーニー城で死す」か。

悪かぁないな……。

ここで、かっこよかったのが正太郎くん。

「僕が一番若いから、先にやります！」

無事やり遂げた彼のおかげで恐怖心は激減して、少しばかり気楽にできました。そういえば、ときどき高座で正座したままのけぞる所作とかやってますから、普通の人より体が柔らかいのかも。

カメラを構えたムーチョが僕を撮影しようとしたら、「特別な場所だから撮影できないよ」って、足を押さえているおじさんに言われたそうです。

「そうか、それにしても怖かったねえ」と言いながら城を降りたら、出口で、「はい、買って帰ってね」と、僕らが空中でのけぞっている写真を売ってるわけです。なんだよ、特別やら伝説やらでと言ったところで、結局観光じゃねえかよ。

なんてね。わかっちゃいるけど、こんだけ怖くて面白い体験したんで、みんなも写真は買いましたけどね。

まるで、「あー、こわいこわい、明日も来ような」って、『お菊の皿』だよ、ここ。

城から外に出ると、樹々や芝生の緑に気持ちも落ち着きます。

地面から城のてっぺんの開口部を見上げると、上から見るよりずっと高いので、一同あらためてビックリ。

よくぞあんな危ないことをしたもんだ。

しばらく森の中を散歩してこの城の末裔が住んでいるという古い屋敷を眺めていると、小雨がはらりと落ちてきた。

雨宿りで、煉瓦造りの建物に入ると、そこは売店で、おばさんと女の子で飲み物や食べ物を売っている。

売店内にあった暖炉の前で。

コーヒーと暖炉で冷えた体を温めながら、正太郎くんと日本への動画メッセージを送ることになった。

「日本の皆さま ごきげんよう。ヒッチコック劇場へようこそ。ここはブラーニーキャッスル。ローリング・ストーンズとキッスのライブ、おっと間違えました、ブラーニーストーンにキッスしてきたところです」と、熊倉一雄さんのモノマネで日本に挨拶。僕はSNSはやらないからよくわからないけれど、ツイッターで僕らの映像を楽しみにしてくれる方がたくさんいて、その反応がすぐにわかるんだそうだ。こんなふうに日本とつながっているのですね。

売店のおばさんと女の子がチラチラこちらを見ている。怒られるのかなって思ってたら、別れ際に素敵な笑顔で見送ってくれた。

初回の落語ワークショップ

この日の午後は、コーク大学へ。僕にとっては海外で初めての落語ワークショップです。

ワークショップをする建物の前には早めに着いているのだが、教室がどこかわからない。ティル先生が説明した場所に行っても誰もいない。コンクリートの建物を行ったり来たり。クララさんがもう一度ティル先生に連絡すると、どうやら前の情報が違っていたらしい。「しっかりしろ、ティル」と、みんなで笑いながら、別の棟に教室を発見。

ティル先生が来る前にロスタイム分を取り戻さなくてはと、スタッフとともに手際よく高座をこしらえて、黒板を準備し、椅子を並べ、着物に着替えて、ワークショップ初回の開始です。

日本文化に興味を持ち、少なからず落語というものに関心があるコーク大学の学生や関係者の皆さんが集まってくれた。なので、ほぼ欧米の方々。地元アイルランド、欧州の各国、アメリカ。落語を聴いたことのない日本からの留学生もいた。

この人たちに楽しく落語を伝えたい。

ワークショップで教えると言っても、僕は学校の先生ではなく芸人なので、目の前の人に喜んで欲しいわけなんです。「落語は海外では、やっぱり通じないよな」とは思われたくないのです。

その意識で、ワークショップに集まった人たちを見ると、ほとんどの方が日本文化

初回のワークショップでは、
英語を交えて「落語」を説明。

のことはあまり知らない。ましてや落語のことはまったく知らない。でも日本語を勉強してるんですよね。

だったら、参加者の皆さんのわかるレベルの日本の言葉を使って、落語とはなんでしょうというところから解いていけばいいんだなと思ったんです。

そこでまず、「落語」と黒板に漢字を書く。ここから、自分で納得できる言葉で伝えていく。

「落」ってなんだろう？　「落ちる＋落とす」を訳すと「drop」だ。

「語」はなんだろう？　そう、「言葉」の意味で「word」だ。

さらに、「語」には「語る」の意味もあって、「story」につながる。

そうすると、シンプルに「drop word」「drop

story」となる。

だから、「落語とは、〝落ち〟のある物語をしゃべる芸能なんですよ」と伝えたら、なんとか理解してもらえたみたいです。

伝えるうえでもうひとつ重要なのは、彼らには日本文化はわかりっこないというふうに、否定的に思わないことです。

ましてや学びたいと思って来ている人たちが集まっている。その熱意を前に、こちらも真剣に伝えようとしゃべる。そんな人間同士がわかりあえないはずがない。

お勉強ですよとか、芸術ですよという気もないし、あくまで、落語は芸能であると思ってしゃべりました。

逆に、勉強ですよと構えて、伝える側があれやこれや準備して作って臨んでしまうと、それに囚われてうまく伝わらなかったと思います。

こちらの教室に集まった皆さんは簡単な日本語がわかるわけですから、いわば中学生に向かってしゃべっていると思えばいいんだなという感覚でやっていました。伝わらないんじゃないかと思うと遠慮してしまって、当たり障りのない教室になってしまう。遠慮しないでやらせてもらったのが功を奏したみたいです。

正太郎くんと一緒に教えられたことで相乗効果もあったと思います。所作を伝える時、煙管を吸う、本を読む、字を書くなどの基本ばかりではなく、「じゃあ、ホットドッグの食べ方を正太郎くんに教えてもらいましょう」なんて無茶振りもしたんですが、彼は手拭いを使って見事に応えてくれました。この意外さがあるから皆さんが笑ってくれる。芸人ですから、ウケるとこちらも嬉しいわけで、教室も盛り上がるわけです。

その後、参加者の高座名をつけていきました。

これはかなり面白かったなあ。

どんなふうに命名したのか、ちょっと再現してみましょうか。

まずはフランスからの留学生カレンさん。

なぜか日本の飲食チェーンの店名が浮かんでしまったので、すぐに亭号決定、ふらんす亭。名前がカレンちゃんなのでもうこれは「治」をつけたくなるわけです。「ふらんす亭かれん治」、はい決定。

さて、お次は、ブラーニー城を案内してくれた地元コーク出身のレアちゃん。コー

落
語
RAKUGO
Word

コーク大学でのワークショップ風景。
扇子や手拭いを使って飲み食いの仕草を紹介。
参加者には即席で高座名を命名し、
正太郎さんが習字で清書した（16 ページ）。

クと言えば、ファンタでしょ。タを「太」にしたらはい出来上がり。スカッと爽やか、「コーク亭ファン太」。もう一人の同郷の男の子も、おなじく「コーク亭スプライト」。

アメリカから来たキャリーちゃんには、柳家小里ん師匠に倣い、「米亭キャ里ん」。

あとは勢いで、「ベルギー亭チャー助」、「スペイン亭リ太」。

日本人の留学生の二人は、奈良のご出身なので、「奈良家大仏」と「奈良家みやび」。

高座名をつけられた皆さんも、この後、ティル先生の用意してきた小噺を、一所懸命しゃべってくれました。

最後に、正太郎くんの書いてくれた見事な寄席文字の高座名を皆さんにプレゼントしたら、喜んで持ち帰ってくれたっけなぁ。

高座の下見

ワークショップを終えて、明日の字幕落語会の会場が気になるので、みんなでコーク大学の講堂へ下見に行きました。

さすが、アイルランドを代表する名門国立大学。広い敷地に緑の樹木、手入れの行

公演会場の下見で、
丸いテーブルを見つける。

き届いた芝生。大きな校舎が格式と伝統を物語っている。

落語の会場となる記念講堂に入ると、通路には何やら出土した古代の遺跡も展示してある。ケルト文化の遺産らしい。ちょっとした博物館のようだ。

ホール内に入ると、高い窓のステンドグラスからの柔らかい光がずらり並んだ歴代学長の絵画を照らしている。

書棚には古書がずらり。

その荘厳さにいささか圧倒されながら、明日の高座の準備がしてあるはずのステージを見ると、あれ？

高座用に準備したのだろうそのテーブルが、丸い！

しかも、一本足！

この丸テーブルひとつと、折り畳みの長机が二つ。

「あ、そうかぁ……欧州の人に落語の高座は、四角だっていうイメージはないもんね」

「丸テーブルに座ったら、ウェディングケーキみたいだわ」

「これ、長テーブルに座ってシンポジウムみたいなイメージかもね」

「高座ってこんなに高くするの！　って、日本でも初めての会場で言われるくらいだから、欧州じゃ余計わかんないよね」

「どっかに四角くて丈夫で背の高い机がないかなあ？」

事前にチェックできてよかったねと、みんなで語らいました。

まあ、明日になれば、デンマークのオーフス大学のように、現地のスタッフが用意してくれるだろう。〝この机は使いません〟と、ティル先生が丸テーブルにメモを貼り付けて講堂を出ました。

せっかくだからティル先生の研究室を表敬訪問しようということになり、彼の研究室へ。

さすがアイルランドの名門大学。新米先生の研究室も立派です。本棚には、落語に関する本もたくさんある。

そして、収穫もありました。この研究室で発見したんですよ、高座にちょうど良い高さの四角い丈夫なテーブルを！

運ぶのは大変そうだけど、これさえあれば、明日はすべてがオーライです。高座問題も解決して、すべては順調。

すっかり安心した我々は、夕食後に繁華街に繰り出しました。またまた黒ビールにアイリッシュウイスキー、そしてやけにきつい酒精《スピリット》。

ティル先生がアイルランド式の兄弟仁義を教えてくれた。右腕と右腕を交差し、小さいショットのキツイ酒を一気に呑み干し、ティルと兄弟の契りを結ぶ。

明日は落語会本番、頼むぜ兄弟よ！

コーク大学での落語公演

十一月十八日、朝。

午後にはコーク大学での落語会があるので、スタッフのみんなは朝から準備に向か

コーク大学で過ごす
正太郎さん。

った。僕と正太郎くんは午前中のフリータイムをめいめいで過ごすことになった。

教会好きの正太郎くんはコーク大聖堂に行ったらしい。若者は元気だ。

僕は、部屋で洗濯です。天気が良いのですぐ乾くだろう。

ところが、僕が呑気に洗濯をしていた頃、我がスタッフたちとティル先生は、落語会の会場準備の最中、とんでもないことになっていたらしい。コーク大学落語会場の現場に事件発生！ババさんからのリポートをそのまま掲載します。

《回想　コーク大学高座設置のトラブル》　馬場憲一

アイルランド、コーク大学の高座設置の顛末を、少し長くなりますが報告します。朝、公演会場となる講堂に入ると、前日に〝この机は使いません〟の貼り紙をした丸テーブルはステージの上からすでに片づけられていました。

さっそく、高座を設置しようと作業を開始。ティル先生の研究室のある建物に移動。計画通り、前日選んでおいた机を運ぼうとしましたが、予想以上に重たくなかなか持ち上がりませんでした。構造を調べたら天板が外れることがわかり、分解。重い方の本体を俺（ババ）、ティル先生が担当。天板を武藤（ムーチョ）さん、クララさんが担当。

台車を借りて、かなり苦労をしながらも、重たい机を講堂に運び込み、ステージの上に据えることができました。

ふう、やれやれとひと息ついていたら、思わぬ災難が待ち受けていました。

ドカドカといかつい男二人が講堂に入って来ました。この大学の警備員です。確か、さきほど台車を借りる時にも会った人たちです。険しい顔でティルとクララに何か怒鳴っています。

ティルの顔がみるみる青ざめ、クララもまるでいじめにあっているような表情になっています。

どうしたの？　と聞くと
「この机を使うことができません」とクララが泣きそうな声で言います。

いきなり、なぜ？

「落ちると死ぬ」と、大げさなことを警備員が言っているんだそうです。

何事かと思いましたが、この警備員がティル先生に対してかなり高圧的に攻撃している姿を見て、事態がわかりました。


いったい何が問題なのだろう、しばらくやりとりを聴いていました。教員側と管理側が対立関係なのか？　ティル先生がまだ下っ端なのでなめられているのか？

ティルの顔に机運びの時以上にたくさんの汗が流れています。まるで脅されているような状態です。

警備員の主張は二つ。
・この机の高さは危険、落ちたら死ぬので許可できない。実際、そのような事故があった。
・あなたがたは、テーブルを運ぶ研修を受けていない。あの机を運んだことは校則違反。

この人たちは、我々が苦労して机を運んでいる姿も見ているはず。制止するなら、目撃した瞬間にすべきです。前日、設置してあった丸テーブルを片付けさせたことに対しての腹いせのようにも感じました。

机の上に人が乗ること自体を認めない警備員にティル先生が落語の演じ方をいくら説明をしても、高い所に人が乗ると落ちる可能性がある。安全ネットなどがなければ、落ちたら死ぬ可能性がある、の一点張り。落ちませんと言っても完全否定。ティル先生は懸命に警備員をなだめようとしましたが、相手はつけあがる一方でした。

ただ、ここで引き下がっては高座ができない。時間も迫ってきている。

このやりとりの最中に、師匠たちを迎えに行く予定時刻になり、「ムーチョ、師匠と正太郎くんが来るまでにみんなでなんとかするから、できるだけゆっくりお連れして」と耳打ちしました。ところがまるで事態は変わりませんでした。警備員はティルの責任問題を突いているようで、新米先生は困り切っていました。

「じゃあ、落語会はできない、それでいいんですか？」と訴えると、警備員は、自分たちが責任を持って机を持って来るから、と言う。では、一緒に探しに行こうということになり、警備員二名、ティル、クララ、ババで高座探しに出ました。

具体的に床から最低でも一メートルの高さがないと後方のお客さまが見られないと説明しても、そんなに高いものは許可しない、落ちると死ぬ、の返事しかありません。しかし、高座の部材を探している最中にびっくりしたのは、この警備員の「この台ではどうだ?」という提案に、「ノー」の返事を俺が何度しても嫌な顔をせず次の場所に探しに行くこと。今なら、運んだ机を使わせてくれと頼んだら、「しょうがないですね、OKしましょう」となるかと思い、つたない英語ながら試してみた。

「あなた方が信念に忠実なのはわかる。ぼくはあなたの国アイルランドの独立運動の精神が好きだ。マイケル・コリンズの生き方を尊敬してる。僕らも極東の日本からここに来て公演に魂を込めている。頼むよ、あの机が必要なんだ。使わせてくれよ」と。アイルランド独立運動のヒーロー、マイケル・コリンズまで出せば、理解してくれるだろうと思ったのです。

しかし、答えは、

「規則です。あの机は使わせることはできない」

俺が甘かった。

この人たちもあの入国審査官と同じく、窓口サディズムの匂いがする。良く言えば職務に忠実なのでしょうが。

高座の設置準備を行う。

そこからの会場作り、高座が見えるように充分な間隔で椅子を置くことにして、なんとか百人対応の会場をこしらえました。

そして、会場に着いた師匠にことの次第を報告。

その時の師匠の言葉がじつに素敵でした。

「大丈夫。どんなところでだって俺たちはできるんです。だから落語家はかっこいいんです」

この言葉で、俺もティル先生もクララもムーチョも救われました。


以上、ババさんからの報告でした。

スタッフの皆さんにご苦労をおかけしました。

どんな環境でも、僕たち落語家はお客さんに喜んでいただく。ただ、それだけです。

コーク大学構内にて。

PRESIDENT'S
OFFICE

同じ人間として

そんな状況だったのですが、時が来れば幕は開く。

字幕落語会の番組（内容）は前回と同じですが、細かいところににじみ出る特徴がありました。

今回、僕たちは入国審査官や大学の警備員のわけのわからない対応で、文化の違いをひしひしと感じていました。

大多数の観客は世界各地からアイルランドに留学している人、肌の色の違ういろんな国の皆さん。どうなんだ、落語はわかってもらえるのか？

そして始まる本番。僕たちは、ただただ目の前にいる人に喜んでもらえるように一所懸命やりました。

そして、迎えた終演。

結果はどうだったか、ババさんが報告してくれた文章を掲載します。

《回想 コーク大学公演の奇跡》 馬場憲一

高座、音響共にラフなままの開演だったのでとても心配だったのですが、出囃子が鳴り喬太郎師匠と正太郎さんが出てきた瞬間から会場の空気がガラリと変わり一体感が生まれ、公演は大成功だったと思います。余韻を長く感じる会でした。

実は良い兆しはあったのです。なんと冒頭のティルの挨拶が素晴らしかったのです。師匠と正太郎さんは講堂の外で待機でしたのでご覧になれなかったと思いますが、マイクを持ち挨拶を始めたティルは実に逞しい態度で、日本の伝統話芸としての落語を短く解説した後、今日この日を迎えられたこと、柳家喬太郎、春風亭正太郎の落語がこの大学で聴ける喜びを熱く語っていました。なんだよ、ティルくんは立派な先生もできるじゃん！ この開演の時を迎えるために、警備員からの嫌がらせにもじっと耐えていたのかも……と、俺は思いました。

落語に入ってからは、観客の皆さんのものすごい集中力を感じました。いろいろな国から集まった皆さんが、よく笑いよく聴き入っていました。

終演後、何人かに感想を伺いました。

コーク大学の男子学生さんは「落語は単なる笑い話かと誤解していましたが、こん

コーク大学の記念講堂で
落語公演に挑む。

公演終了後は、質疑応答をしたり、
来場者と語らった。

なにしっかりしたストーリーの中にユーモアを込めていてびっくりした」と言っていました。

別の女性は「まるで三本の日本の映画を観終わったあとのような感じだわ。ファンタスティック！」と感激していました。

こちらが驚いたのは、終演後も観客の多くが立ち去らずに、お互いの感想を語り合っている光景でした。

落語のチカラを感じました。

開演前の騒動からは信じられない、コークの奇跡と呼びたい公演となりました。


僕らの落語は受け入れられた。

この結果は素直に嬉しかった。

ストーリーや笑い、登場人物の心の動きまでも、きちんと聴いてもらえたのですから。


この時、あんなに海外に来たくなかった僕が、これだけ大変な思いをしたアイルランドで気づいたことは、いまさらながら世間さまがよく言っていることですよ。

それは、〝文化の違いなんて関係ねえよ、同じ人間じゃん〟ということです。

公演のあとの会場で、背の高い黒人の学生とハグした時にも感じました。彼は満面の笑みで僕を抱きしめてくれました。肌の色や言葉や文化の違いがあっても、なんだこんなにわかりあえるんだ。

そんな気持ちになれたことが、ただただ嬉しかった。

人として生を受けて暮らしていて、もちろん環境によって価値観は違ってくるけれど、根本として人というものは変わらないんじゃないか。

この公演、ダブリンに留学中の二人の日本人学生も来てくれた。ひとりはこちらで写真を学び、もうひとりは絵画を学んでいるのだという。そして、遠くフィンランドやスイスから駆けつけてくださった落語ファンの日本人もいらっしゃった。こういう海外で暮らしている皆さんも、日本と違った環境の中でいろんなことを感じながら頑張っていらっしゃるんだろうな。

ダブリン行き長距離バスで

いろいろあったコーク大学の公演の直後、英国移動のために長距離バスでダブリンへ移動。

バスターミナルの売店で軽食を買って、雑踏の中、ダブリン行き長距離バスの列に並ぶと、ティル先生がみんなの荷物を大型バスの横っ腹のトランクボックスに積むのを手伝ってくれた。

「ティル、おつかれー、また会おうね！」とみんなで別れの挨拶をしてバスへと乗り込む。自由席なので空いている席にばらばらに座る。いろんな国の人が周りにいる。周りから見たら、僕もアジアのどこかから来たひとりの外国人なのでしょう。

ダブリンから来てくれた日本の学生さん二人も同じバスでした。

席に座って、次々と乗車してくる人々を眺めていると、運転手がエンジンをかけ客席に心地好い振動が伝わってくる。いよいよコークともおさらばだな、と思ったその時、すぐ後ろの席の女の子がトントンと僕の肩を叩いた。

振り返ると、とても素敵な女性二人組。オランダ語をしゃべっていましたよ、と後

でクララが教えてくれた。

そのオランダ語の彼女たちが微笑みながら、窓の外を指さしている。

彼女ら二人の人差し指は、「窓の外を見て見て！」と言っていた。

なんだろうと外を見ると、バスの脇でクラーク・ケントを二枚目半にしたような顔が満面の笑み。まっすぐに僕を見ながら、ちぎれるほどに手を振っている。

ティルだ、ティル先生だ。

僕が気づくまで、ずーっと手を振っていたんだそうだ。うしろの席の女の子二人が教えてくれなかったら、ティルに悲しい思いをさせるところだった。ティル、どこまで良い奴なんだよ。

いろいろやらかした感もあるティル先生だけど、嬉しくなっちゃうほど愛しい男だ。

今回のこの公演を成功させたいという僕らと同じ気持ちを持っていてくれた人。

しかも、たったひとりでこの公演をやってくれた人。

完璧じゃなくて失敗するんだけれど、逃げも隠れもせず僕らと同じ土俵にいてくれた人。

また会いたい人。それがティルだ。

アイルランドの花色木綿

鉄仮面みたいに無愛想な入国審査官。

コーク大学警備員の妨害。

アイルランドに入って、一難去ってまた一難の出来事をなんとかクリアして、コーク大学のワークショップ、落語会を終え、再びダブリンへ。

今晩は空港近くのホテルに泊まって、明日には英国へ移動、この旅もちょうど半道中が過ぎる。今夜はホテルでくつろげるなと思いながら、眠い目をこすりながら長距離バスを降りた。

ところが！

トランクボックスから荷物を出し終えて、とんでもないことが起こっていたことが判明！

ムーチョことカメラマン武藤さんのトランクが紛失していたのだ。黒くて小さめのトランク。探してもどこにもない。誰かが間違えて持って行ったのなら同じようなトランクが残っているはずだから、これは盗まれたに違いない。

そう言えば、一度、ダブリン市内に停まった停留所でトランクボックスから荷物を出す際に運転手は立ち会っていない。間違えて持って行ったのなら、バス会社に連絡が入っているはずだが、その連絡もないとのこと。

なんということだ、ムーチョのトランクが盗まれてしまった。

またしてもトラブルだ。

カメラや現金や大事なものは車内に持ち込んだ鞄に入れてあったのと成田で旅行保険の手続きをしていたのが不幸中の幸い。しかし、着替え、防寒着、アイスランド大使館に表敬訪問する時のために最近買ったばかりの一張羅のドレスも盗まれてしまった。友達にあげようと買ったお土産もだ。ムーチョのショックは大きい。可哀想だ。

バス会社にクレームを入れ、クララとムーチョはすぐに空港のダブリン警察に行き被害届を出すことに。

僕らは、一足先にホテルにチェックインして、二人の帰りを待つことにする。

被害にあったムーチョとクララをホテルのバーで待ちながら、あれやこれや心配しつつも、みんなでしゃべっていたことは、

「あれだよな、アイルランドのお巡りさんに、『何が入っていたんだ?』って聞かれたらさ、きっとムーチョは、『はい、コートです』って言うでしょ。『どんなコートだ?』って聞かれたら、『はい、裏が花色木綿』って言ってるよな」

「言ってる言ってる」

「他には何が入っていたんだ?」

「はい、買ったばかりのドレス、裏が花色木綿」

「あとは?」

「はい、成田で買った煙草十箱。裏が花色木綿」

「煙草に裏地があるかい!」

……ごめんなさい、武藤さん。

あ、でも皆さん、ご安心ください。旅行保険に加入していたことと、事件後すぐのクララとムーチョの警察への届け出が適切だったので、帰国後、ちゃんと保証額が支払われました。なによりなにより。

でも、ムーチョは言ってました。「お金は戻ってきたけれど、あの一度も着ることのできなかったお気に入りのドレスが残念……、あの裏が花色木綿の……」

ムーチョ、捕まらなかったあのアイルランドの泥棒はよ、ほんの『出来心』だったかもしんねえな。

朝の珍事

入国審査官、コーク大学の警備員さん、高速バスの泥棒……。こんだけトラブルが起きたら、もう何もないでしょうと、アイルランド最終日、ダブリン空港近くのホテルに泊まる。

目覚めた朝は、穏やかな天気だった。

煙草を吸いに出ようとすると、僕の部屋のフロアで、突然、バーン！　という異常にでかい音がした。

すぐ近くで何かが叩き割られた音だ。

やばい、テロに違いない！

ドアを開けると、案の定、エレベーター近くの大きなガラスの花瓶がこなごなに割れているではないか。

あたり一面に破片は飛び散り、吹き抜けから下の階まで落ちて、大変なことになっている。

ひとりの男がホテルマンに連れて行かれている。この男が犯人なのか。

一体何が起こったのだ。

警察らしい人は一向に現れないので、どうやらテロではないようだ。じゃ、大丈夫だろうと一階に下りると、さっきの犯人がホテルの入り口のところで泣きじゃくっている。大音量の泣き声が明け方の空に響く。

「うおー！　おー！　うわああん！　うおー！　おー、うわああん！」

大の男が膝を抱えて赤ん坊のように泣きじゃくっているのだ。まるで獣の遠吠え。

朝の静寂をぶちこわしたこの騒動はなんなのだ。

周囲の反応をよく観察すると、なだめるホテルマン、そして傍らでシラケている女がいる。

なんだよ、痴話喧嘩かよ。

女にふられて見境のなくなった男が、でかい花瓶を叩き割った音だったのだ。若気のいたりかよ。けど、弁償金は高くつくだろうな。

ガラスの破片もただちに片づけられ、あっという間に何ごともなかったような通常のホテルの朝が戻ってくる。

テロじゃなくて良かった。それにしても派手な喧嘩だ。こっちの人はこんなに派手に喧嘩するのか？　日本じゃ、へたすりゃワイドショーものだ。誰にも怪我がなくて良かった。

アイルランドに来てからのいろんなアクシデントに比べたら、この痴話喧嘩など可愛いもんだ。

ホテルの前のバス停から、ダブリン空港行きのリムジンを待つ間の退屈しのぎに、朝の痴話喧嘩をみんなで想像してみた。

久しぶりにダブリンに戻ってきた男を彼女が空港の近くのホテルで待っていた。男はわくわく気分で、昨夜はベッドで熱烈にラブラブだった二人。

でも、彼女は朝になったら言おうと思っていたことがあった。

「子どもじみた恋愛はおしまい。別れましょう。あたしはダブリンの街でもっと大人の恋人ができたの。あなたとはこれが最後の朝……」

純情な男は、その言葉に逆上……。


てなことを僕が言ったのかな。

ワルイ女だねとか言って、みんなやけに盛り上がって、意外や、ふられた男に同情したりして。

道路の向こうには広い牧場があって、馬が走っていて、風も爽やかに吹いていた。

それに引き替え、こっちのホテルじゃ人間さまは痴話喧嘩。


さて、空港に着いたら、もうアイルランドともおさらばか。それにしても人間臭い国だった。

大変な目にもあったけれど、ティル先生や、ワークショップで自分たちの小噺を一所懸命やってくれた学生たち、落語を聴き素直な質問を熱心にしてくれた人たち、B

&Bの親切なご主人やおばちゃんたち、そしてバスの中で手を振っている人がいるわよと教えてくれたオランダ語の女性たち。良い人がたくさんいた。日本人なら遠慮したり躊躇したりしてしまうけれど、彼ら彼女らは、気持ちのままにちゃんと接してくれる。こういうところが欧米の人は素敵だと思う。

ヨーロッパに来て良かったな、と思い始めている僕がいました。

痴話喧嘩のおかげで朝食にありつけなかったので、ダブリン空港のバーガーキングへ。コーヒーとハンバーガーを買ってみんなにどうぞとふるまった。気がついたら、ひとりで普通に買い物している。

こんな感じでどう？　って、ゆっくりと僕なりの英語で接してみると、相手がきちんと反応してくれて、意外と楽しい。日本にいて、高座から今日のお客様はどんなふうかなぁと考えるように、会話の相手と接してみる。

だんだん旅に慣れてくる。

さて、いろいろあったアイルランドを出て、舞台は英国へ移ります。

飛行機で次なる目的地・英国へ向かう。

「ケンブリッジ」の地名の由来となる
ケム川を望む。

03
UNITED KINGDOM

第3章

英国
ケンブリッジ
心が共鳴するとき

名門ケンブリッジ大学探訪

二〇一七年十一月十九日、正午。

一寸先すら予測不可能な落語旅、いよいよ後半戦。

波瀾万丈のアイルランドから英国へと到着。広大なヒースロー空港を抜け出て、チャーターバスで目的地ケンブリッジへ向かいます。

高速道路を一時間半くらい走ったあたりで車窓からの風景がどんどん変わり始める。まるで過去へのタイムトリップ。そして、ついにケンブリッジの街に入った途端、まるで魔法をかけられたように景色が変わった。ここは中世のヨーロッパか、と目を疑うばかりの光景。

この街はまるで、映画『ハリー・ポッター』の世界です。

ここで我々を待ち受けるのは、イギリスの最高峰の大学、世界に名だたる超エリート校。そう、皆さんよくご存知の、あのケンブリッジ大学、学問の聖地です。

とは言え、ケンブリッジ大学って、どんくらいすごいの？　どんな人が学んでいたの？

何も知らないんで、バスの中でクララさんに聞いてみました。

出てくる卒業生の名前は、僕たちの小学校とか中学校の教科書に出てきた偉人たちばかり。古くは哲学者のフランシス・ベーコン、『種の起源』でおなじみの自然科学者チャールズ・ダーウィン、宇宙理論学者のスティーヴン・ホーキング博士など、ありとあらゆる分野で活躍なさる学者さん、科学者さん、芸術家さん、政治家さんの名前が次から次へと。

ノーベル賞受賞者も数多く輩出しているとのこと。

しかも、喜劇集団モンティ・パイソンのメンバー、ジョン・クリーズ、グレアム・チャップマン、エリック・アイドルもこの大学出身。へえ、お堅いばかりじゃないのがふところが深い。

ご出身者のお名前を列挙してたら、この本が終わっちゃいますので、おあと大勢さまってことにしておきましょう。

さて、バスはケンブリッジ市内の石畳の路地を入り、この地の我々の宿、ダブルツリーｂｙヒルトンホテルケンブリッジシティセンターに到着します。僕らを招聘して

ケンブリッジ大学の学生の
メルさん、ジョアンさん、テシさん、ディディさんと。

くれたケンブリッジ大学の先生がお薦めする瀟洒なホテル。広い芝生の向こうの綺麗な川には水鳥が泳ぎ、なんとものどかな気分にさせてくれる。

さっそくケンブリッジの街を歩きましょうと、荷物を部屋に入れ、ロビーに出ると、ガイドを引きうけてくれた学生さんたちが待っていてくれた。

陽気で可愛い四人の女の子たち。

テシさん、ジョアンさん、メルさん、ディディさん。皆さんはきちんと一礼して、リーダー格のテシさんがご挨拶。

「はじめまして、私たちはケンブリッジ大学の日本学の授業で日本語を学んでいます。まだ未熟ですが、がんばってご案内させていただきます」

なんて綺麗な日本語。四人の皆さん、みごとな発音で挨拶してくれる。

素敵なガイドに導かれ、足どり軽やかにケンブ

リッジ散歩が始まります。

地名の由来とカレッジ制

まずは、街を流れる清流に架かる橋の上。

「これはケム川です。ケンブリッジという名前は、ケム川に架かる橋という意味ですから」

なるほど、ケム川の橋でケンブリッジ。このケム川は、街の中心や大学の構内を滔々《とうとう》と流れている。大学とともにまさに街の代名詞。僕らのホテルの傍らの清流もケム川だったわけです。

ケム川のほとりを歩いていると自然に大学の敷地へと向かっていた。

四人の女の子に案内されて、有名なキングス・カレッジや、コーパス・クリスティ・カレッジなどケンブリッジ大学の歴史ある門楼や建物を見物する。

ところで、読者の皆さん、どうしてひとつの大学にいろんなカレッジがあるんだろうって、頭がモヤモヤしてません？　僕らもそうでした。どうやら、ここで言うカレッジは、日本で言う単科大学《カレッジ》とは違うようです。

四人の説明によると、このケンブリッジ大学やオックスフォード大学はカレッジ制という英国独特の成り立ちをしているそうで、カレッジとは学寮のことだそうです。学生は必ずどこかのカレッジに所属していて、それぞれのカレッジには学生の寮や図書館などを備えて安心して勉強できる生活環境を整えているとのこと。

ケンブリッジ大学は三十一のカレッジの集合体で、それぞれの学生は自分のカレッジから専攻する学部学科に通うという構図なんですって。

僕らを案内してくれている四人もそれぞれ違う学寮とのこと。ジョアンさんはホマトン、メルさんはロビンソン、テシさんはエマニュエル、ディディさんはセント・ジョンズという別々のカレッジに所属しながら、同じ学科で日本語を勉強しているそうです。

ニュートンのリンゴの木

滞在しているホテルの庭も映画に出てくるような風景だし、僕らが案内されているどこかしこも貴重な歴史遺産なのでしょうが、いちいちそれを、こんなに愛しているよと強調していないのがケンブリッジのえらいところ。

歴史的に価値ある場所が日常として普通に共存している。街での暮らし方もリラックスしていて自然に見える。それが、ここの人たちにとって自国の文化を大事にしているということかもしれない。そんなことを感じながら、ケンブリッジの風景の中で旅人となる我々。

やがて、トリニティ・カレッジの塀にさしかかる。

すると、「ここです」と、案内の学生さんがリンゴの木を指さした。

たいして大きくない木なのだが、一体なんなのだろうか？

「この木の先祖が、ニュートンが万有引力を発見したリンゴの木と言われています」

あえて、大きな看板はない。だけど、僕らが子供の頃、あたりまえに教えられた万有引力をニュートンが発見したリンゴの木、その子孫なのです。

ここにもケンブリッジの歴史を感じる。

このリンゴの木とニュートン先生とに敬意を払い、自然と頭を垂れる一同でした。

学生寮への招待

リンゴの木を後にした僕たちは、セント・ジョンズ・カレッジの中に入る。案内をしてくれるのは、このカレッジ所属のディディさん。ため息橋という古風な橋を渡り、歴史ある図書館やチャペルを見せてくれた後、中庭を歩きながらクララに何か質問している。

「皆さんに、私の寮の部屋を見せたら失礼にあたりますか？ それとも、喜びますか？」と聞いている。

失礼だなんて何をおっしゃる。とっても嬉しいですよ。あのね、これ、いやらしい意味じゃなくてね。歴史あるこの大学の石畳や回廊や建物を歩いていると、なんかとても神聖な気持ちになるんです。まるで神社にお参りに来たみたいな感覚になっちゃって、ここまで来たら、見たいですよ、お巫女部屋、いや、勉強部屋。

それに、ケンブリッジを訪れた日本人は数多くいるでしょうが、学寮の部屋まで案

学生の案内に耳を傾ける。

内された人はそうはいないはず。

というわけで、光栄にも我々は、ここセント・ジョンズ・カレッジのディディさんの部屋に招待された。フレンドリーな散歩の賜物ですね。

お城のように静かな建物の中を案内されて辿り着いたお部屋は、女子の二人部屋でとても清潔感があった。

偶然にも、僕は、この年の春に公開された映画『スプリング、ハズ、カム』で、広島から東京の大学に進学する娘と一緒に部屋探しをする父親の役をやらせてもらっていたので、その時に演じていた気持ちを思い出してしまった。

「娘はどんなところに住んどるんかのお。シェアハウスちゅうんか」

そんな心配性な父親になって、部屋に入ったのです。

まず目に飛び込んできたのは、壁に日本のアニメ『NARUTO』と『DEATH NOTE』のポスター。「さすが、噂に違わず日本のアニメって浸透してるよねえ」と、みんなで驚きました。

でも、本棚には村上春樹、夏目漱石、谷崎潤一郎など新旧の日本文学が鎮座している。

なんと『伊勢物語』もある。遠い昔、教科書でお目にかかったきりで日本人の僕もちゃんと読んでいないのに。

こんなに日本の文化を愛してくれている。嬉しいことですね。感心しきりの我々です。

映画『スプリング、ハズ、カム』的に言うと、「ここなら安心じゃけえ、がんばりんさい」かな。

夕闇の中の孤独

学寮の部屋を訪問し、ケンブリッジ大学生の勉学にいそしむ環境に感心しながら中庭に出ると、すっかり夕暮れになっている。

ほのかな明かりの中、コーラスが有名だと言うこのカレッジの教会からは礼拝の曲が聞こえている。そんな神聖なる夕暮れ。

ふと見ると、黄昏の中庭で、髪の長い男子学生が独り、うつむいて座り込んでいる。痩せた横顔が暗がりに浮かび上がると、いまにも泣きそうな表情がわかる。ぎょっとするほどの寂寥感。

闇の中に突如現れた、孤独の男子学生。いったい、どうしたのだろう。

その彼を正太郎くんが心配そうに眺めた。

彼の闇はなんだったのか、失恋なのか、家族なのか、いや違うな、……学問なのか。わかりはしないが、心配する正太郎くんと、声に出さない会話。

〝大丈夫だよ。きっと弟子入りを断られたんだよ。それか、いっぺん決まった真打昇進が中止になったか……。〟

ごめんね、孤独の君。

エリート大学であろうがどこだろうが、悩み多き若者はいるんですね。

そっと傍らを通り抜けながら、思わずダブリンのホテルの男が頭をよぎる。あいつ、あれからどうしたかなあ。

セント・ジョンズ・カレッジ図書館の螺旋階段。

迷子と探偵

夕暮れから夜の帳へと暗闇が増していきます。

そろそろ大学から街に出てレストランに向かおうかというその時に、旅の仲間のひとりがいないことに気づく。

「あれ？　ムーチョは？」

カメラマンのムーチョこと武藤さんの姿が見えないのだ。ついさっきまで隣を歩いていたのに。

え、ムーチョまで泥棒に盗まれたのか⁉

振り向いた先はシーンと静まり返った暗闇。

曲がり角は複数、消えた瞬間を見た仲間はいない。

アイルランドに続き、この地でも災いか。

迷子か、まさか誘拐か？

さっきの孤独な男と何か関係があるのか。

旅の仲間の失踪。一体、どうしたというのだろうと、色めき立つ旅の仲間たち。動揺は隠せない。慌てて方々を捜そうとしたが、いや待て、ここは出来る限り冷静に。

なぜか、ここでコナン・ドイルの推理小説を思い出していた。このカレッジの夕間暮れの雰囲気が、シャーロック・ホームズの舞台みたいに謎めいているのだ。

「……ワトソンくん、ムーチョは赤毛連盟にさらわれたのだろうか。いや、本質は単純だ。ただの迷子であろう。彼女はこの建物の中にいるはずだ。そして、カメラマンの習性として光の集まる方向を知っている……」、彼女はまもなくここに現れるだろう」

黄昏のケンブリッジ大学セント・ジョンズ・カレ

ッジの回廊、頭の中で探偵ホームズをひとりごちている。

ほどなくムーチョの帰還。予想通り誘拐ではなかった。

よかった、よかった。

さて、ワトソンくん、我々はため息橋を戻り、レストランへと歩みを進めることにしよう。

夕食での会話

「イギリスはごはんが美味しくないんだよ」と、渡英経験者がよく口にする言葉がある。だから、全然期待しないでいたのだが、ところがどっこい、僕らがこちらで連れられて行ったお店やホテルの朝食は、どこも美味いことこのうえなし。人の噂なんてあてにならないものだ。

ケンブリッジ四人娘が連れて行ってくれたお店もとびきり美味しかったなあ。

四人ともお嬢様なのでどんな店に行くのだろうと、旅の仲間も各々が財布を握りしめて想像してたんですって。高級レストランかしら、お財布の中身で足りるかしら、なんてね。

ブラスリーでのひとときｘ。

ところがまあ、味は最高、値段は手ごろ。接客も良くてくつろげる、理想的なお店でした。『Côte』というブラスリーは、レストランほど高くないけれど、レストランみたいに美味しかった。

みんなそれぞれに好きな料理を堪能しながら、ゆっくりとした日本語の会話を楽しみました。言葉が通じるということは、とてもリラックスできるものですね。

「日本語のどこが好きなんですか？」と尋ねたら、テシさんから驚くべき言葉が返ってきました。

「えっと、日本語には、丁寧語、尊敬語、謙譲語があります。その繊細な気配りがとても好きです。だけど、英語に訳すとその細やかなニュアンスが消えてしまいます。私はそれがとても悲しいのです」

どうよ。

ニッポンの若者よ、よく聴いてくれ！　ってことですよ。

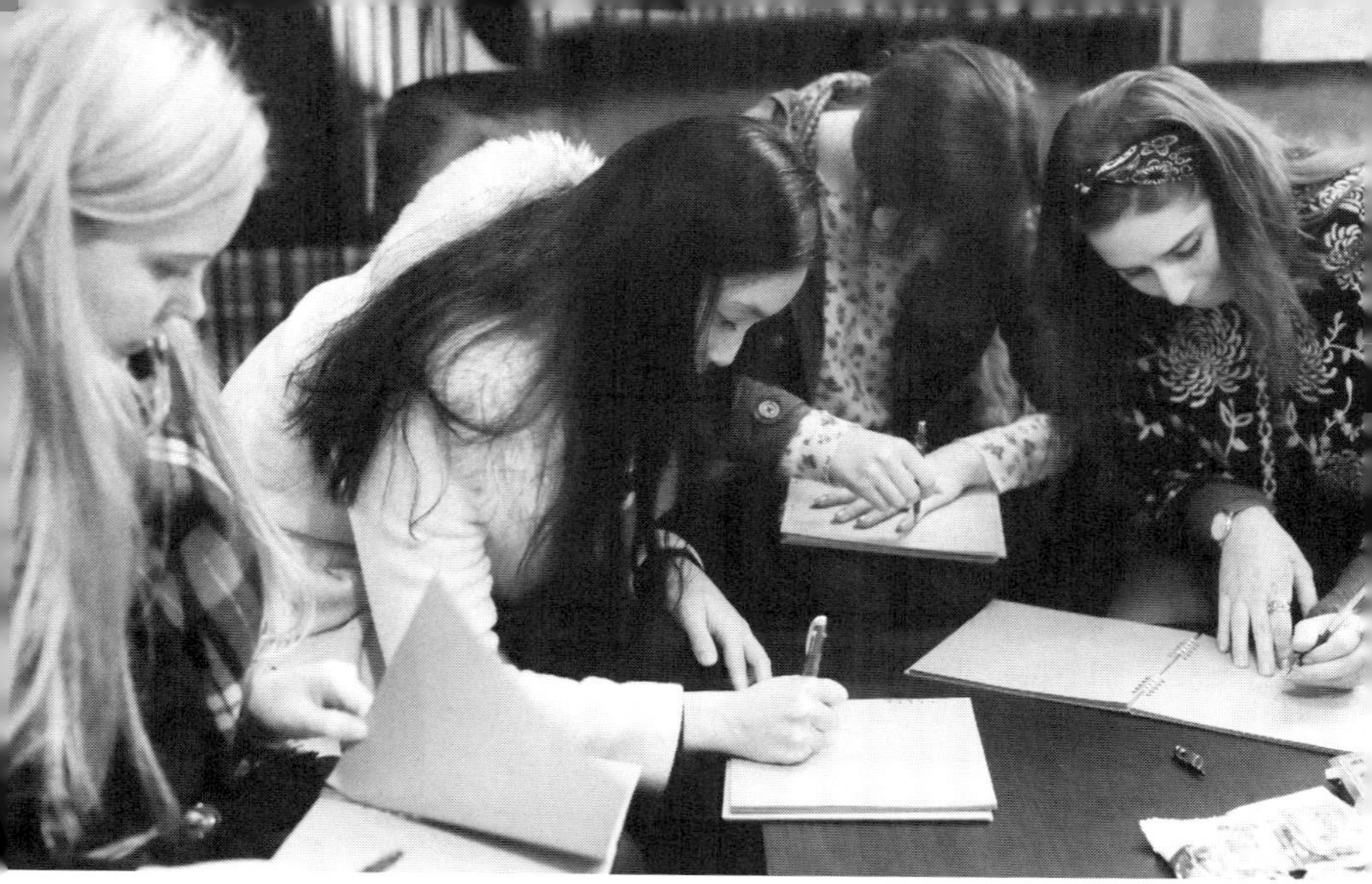

寄せ書きをする女学生たち。

ケンブリッジのこの四人の女子は、それぞれ日本でホームステイをした経験もあるそうです。だから、日本のこともよく知っていました。良い印象しか聞いていないけれど、本当はどうだったんだろう。今の日本、心配なことが多いですから。

それぞれ、東京、北海道、名古屋など、日本のいろんな場所に行ったことがあるそうです。

その中でも、東京の下町にホームステイしていましたというひとりに視線が集まる。

「あたし、赤羽」とメルさん。

正確には東十条らしいのだが、赤羽って響きが本人も気に入っているらしい。なんでも、築地市場で仕事をしているお宅にホームステイしていたとのこと。

ケンブリッジのお嬢さまと赤羽。この組合せが意外で面白い。否が応でも盛り上がりますよ、こ

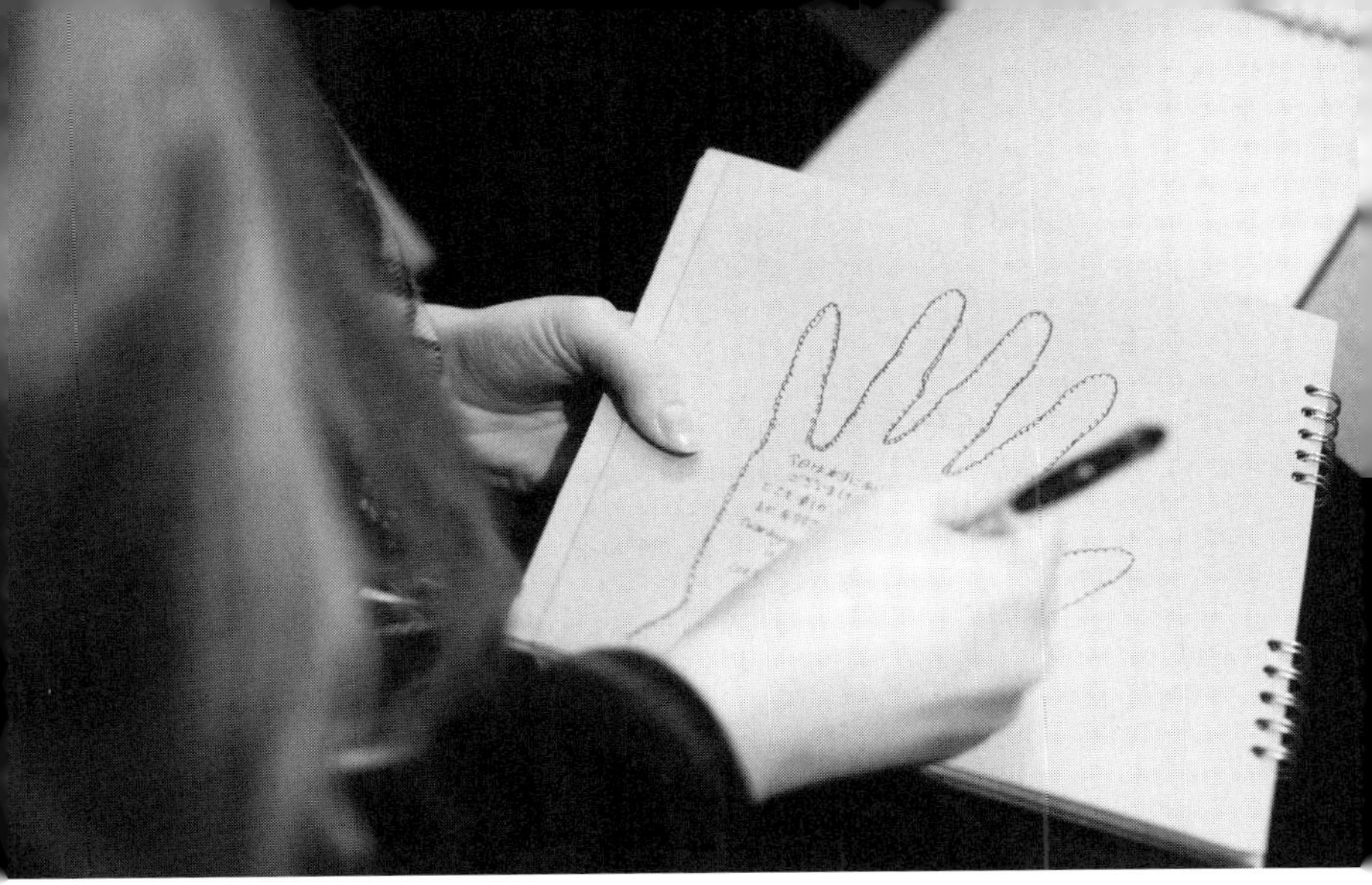

日本語でメッセージを書くメルさん。

のネタは。

「まさか、ホッピーとか呑んだことないよね？」って聞いてみたら、なんと、「あります！」だって。

やるじゃねえか、メルさん。

　このメルさん、サイン帳にみんなで寄せ書きをした時にも、「いけね、英語間違っちゃった」って呟いてたんだよね。

　そういえば、カレッジを案内してくれた時も、他の女の子の説明を我々と一緒に聞いていて、「あたし知らない、ふーんそうなんだ」って言っていました。

　東京の下町ギャルかよ。この親近感、嬉しくなっちゃう。

　ジョアンさんも、ディディさんも、テシさんも、ほがらかで人の話を良く聞いてくれるから、会話が弾む。

正太郎くんが「日本文学で印象的な作品はなんですか？」と尋ねると、古典なら『伊勢物語』、近代現代なら谷崎潤一郎の『蓼喰ふ虫』と真面目な答えが返ってきた。そうかと思ったら、ムーチョと『源氏物語』の話で盛り上がっていて、どんな男の子が好き？　なんてガールズトークをしているではないか。

まるっきり文学好きの日本人同士の会話です。


そろそろ帰ろうという頃合い。

会話のシメに、お別れの時に使う「おひらき」っていう縁起言葉を四人に教えてあげたら、とても面白がってくれた。

さすがに大学では、ここまで教えないんでしょうね。しきりと「へえ」といって頷いている。

彼女たちなら、落語に出てくる符牒《ふちょう》や職人言葉にも興味を持ってくれるかもしれないな。

ケンブリッジの『船徳』

十一月二十日、本日もいい天気。

夜の公演を前に、日中は自由時間。公演の字幕準備も整っているし、気持ちにゆとりも出てきた。

朝、ケム川で船の観光をしませんかと誘いを受けて、ケンブリッジの名物にもなっているパンティングに行くことに。

パンティングというのは、パントという小さな舟に乗ってケム川から美しい街の風景を眺める舟遊びのこと。西岸にはバックスという広い公園の緑色が気持ち良く広がり、東岸には荘厳なカレッジ群という優雅な眺望を楽しむことができる。

数学橋、クレア橋、ため息橋、クイーンズ・カレッジ、キングス・カレッジ、クレア・カレッジ、トリニティ・カレッジ、セント・ジョンズ・カレッジ。昨日と同じ場所なのに、川からの光景はまた別の世界のように感じた。

川のゆっくりとした流れに揺られながら、遠くに来たなあとしみじみ思う。

ケム川で舟遊びを楽しむ。

そんなとても気持ちの良い舟遊びなのだけれど、ちょいと気になることがある。竿を操る船頭さんが他の舟のイケメン船頭さんに比べて、見た目がか弱いのです。近くで見ると髭の剃り跡もわかる男性なのだけど、お化粧してるので岸からこちらを眺めたら女の船頭さんかと思うかもしれない。

きっとお姉さんになりたいお兄さんなんでしょう、心持ち、しゃべり方も女性的に聞こえる。

ぽっちゃりなので、シャツからおへそも見えたりしている。汗かきでもある。なんか、昔のコミックTV『巨泉×前武ゲバゲバ90分!』に出て来そうなキャラクター。

〝おいおい、この船頭さん大丈夫かい?〟旅の仲間も心の中でそう思ったらしい。

あれ、この雰囲気、何かに似ている。

ふと、見ると舟の中に一本のこうもり傘がある。

正太郎くんと目が合う。お互いニヤッと笑う。

「正ちゃん、ここにこんなものがあるね」

「できますね」

「やっちゃう?」

てなわけで、

「君、あそこだよあそこだよ、こうもりで石垣を突きなよ」

「あーっ、石垣にこうもりが挟まっちゃった」

「いいじゃないか君、福引で当たったんだろ」


正太郎くんといきなり、落語『船徳』ごっこ。

陽気な僕らを乗せて舟はゆく。

ケンブリッジの『寝床』

ケム川の舟遊びのあとは、ホテルにいったん戻り、部屋で日本への連絡など用事をすませて、正太郎くんを待つ。

実は、日本にいる時に正太郎くんから『寝床』を教えてください」と頼まれて、僭越ながら稽古をつけさせていただいた。上《あ》げの稽古をどこでしましょうかと相談されていたのだ。手帳を見ると、僕と彼の都合の良い日時が、どうやらここしかない。狙ったわけでもなんでもなくて、自然とケンブリッジの僕の部屋が彼の『寝床』の上げの稽古場になった。

上げの稽古というのは、教わった噺をこれで高座に上げてよろしいでしょうかと認めてもらう総仕上げ。大事な稽古なのです。

約束の時間、ドアをノックして着物姿の正太郎くんが礼儀正しく入って来る。

日本で普通にやっている通りの心持ちで稽古が始まる。

さすがに座布団はないから、ベッドの上に座ってもらい、僕は椅子でメモを取りながら聴くことにする。

寝床で『寝床』となりにけり、です。

正太郎くんのキレの良い『寝床』が部屋に響く。

僕からのアドバイスの中で覚えているのは、

「登場人物は、モデルがあるとわかりやすいよね。そうだなあ。茂造《しげぞう》はティルね」

この言葉一発で、「そうかぁ、なるほど！」と合点する正太郎くん。

ここまで、お読みの皆さんならおわかりですよね。

落語『寝床』で、自分の義太夫を何がなんでも聴かせたいという主人のわがままに振り回され、長屋やお店《たな》の中をあたふたと右往左往する奉公人の茂造。

そう、茂造は、あのアイルランドのコーク大学のティル先生にそっくりなのです。

この旅ならではの上げの稽古となりました。

読者の皆さん、正太郎くんの『寝床』に出会ったら、じっくり聴いてあげてください。

ケンブリッジ大学での落語公演

午後は、いよいよケンブリッジ大学の落語公演です。

日本語学科の准教授モレッティ先生は、満面の笑みで迎えてくださった。とても気さくな女性です。聞くところによると、世界的にとても有名な日本文学の研究者さんなんですって。

その先生が、ご自身で丁寧に淹れた日本茶でもてなしてくださった。なんて言うん

ケンブリッジ大学では、
モレッティ先生が日本茶でもてなしてくれた。

でしょう、温度も香りもお味も驚くほどに優しいんです。とても美味しかった。
そして嬉しいことに、モレッティ先生は落語ファンという。「運転しながら一席聴いているんですよ」と、ナチュラルにしゃべる日本語に温和な人間味が感じられる。周囲をほっとさせてくれるチャーミングなお人柄です。

モレッティ先生と大学のスタッフ、そして日本からの我々も加わって、広い教室をみるみるうちに落語会場へ仕立て上げます。
今回は、高座の高さも広さもばっちりです。

さて、本番。
この公演旅行中、落語や所作の説明や、演じる落語の演目は、字幕の都合上、全部同じなのです

ハンバーガーの写真を使った仕草に
関心を示す観客たち。

が、反応は各会場すべて違います。ケンブリッジ公演は、一番やりやすかったです。理解力や反応が、日本語でやっても通じたかもしれないと思うほどの感覚でした。やっているうちに自分が乗ってきたのを覚えています。四カ国のうちで唯一言葉の壁を感じなかったとも言えます。

他の大学ももちろん良かったけれど、何か頑張ってやり切ろうという気持ちで乗り切った感があったんです。ここは日本でやっている感覚と、とても近かった。

ま、しかし、こちらが気持ち良く高座でしゃべっていることと、お客様の感じることとは違います。アイルランド同様、ババさんのリポートで案内いたしましょう。

《回想》 ケンブリッジの『うどんや』と質疑応答　　馬場憲一

ケンブリッジ大学での公演は、良く告知され、満員の客席でした。ケンブリッジ大学の学生、先生を中心にお集まりいただきました。きのうガイドしてくれた女の子たちも熱心に聴いていました。

喬太郎師匠の『寝床』から正太郎さんの『反対俥』への流れの中で、観客の皆さんがどんどん落語の世界にのめりこんで行くのが、一番後ろで見ていてわかりました。特筆すべきは、最後の一席、喬太郎師匠の『うどんや』です。

「なぁべやぁき……うどぉ～……ん……」という売り声で、ケンブリッジ大学の会場が、まるで江戸の冬の夜の情景になったかのような一体感でした。婚礼帰りの酔っ払いが、子どもの頃から可愛がっていた〝みぃ坊〟の花嫁姿が嬉しくて、言葉を何回も繰り返す場面で、笑いながらも、ハンカチを出して涙を拭く人たちもいました。酔っ払いが「あーばよ」と去った後のうどん屋さんの表情などにも細やかな反応でしたし、サゲで起こる笑いも温かかった。

あの会場には、日本語のわかる人とわからない人がいました。わかる人は多かったけれど、半数以上はわからない人だったと思います。彼らが、どうして同じように感動したのかと思い、日本語をしゃべらないひとりの女性に質問してみました。

「喬太郎師匠の声はまるで音楽のようだった」

こう、その人は教えてくれました。日本語がわからない人は、字幕で瞬時に意味を理解しながら、同時に、師匠の声を音楽のように聴きながら鑑賞していたのです。声が音楽のように、笑いや感動を増幅していたのだと思います。

字幕上演の可能性を広げる公演だったと思います。

そして、落語の余韻を感じながらの質疑応答。

観客の質問に答える師匠の言葉を、僕のメモを元に読者の皆さんに紹介させてください。

質問　「素晴らしかったです。師匠にとって落語をしゃべるとはどういうことですか？」

喬太郎　「喜んでいただいてありがとうございます。僕にとって落語は楽しいものです。楽しいということの中身は、喜びだけではなく、悲しみもつらいことも含めて、楽しんでいるのだと思います。

落語は全部が自分の責任です。誰のせいにもできない、すべてが自分です。

喜びも悲しみも全て自分のもの。

だから、恐ろしくもあるのですが、この落語の楽しさをお客様にも感じて欲しくて、

僕は毎日落語を演っている。

ただ、逆に、客席にウケたというのは、全てが自分だけの力ではありません。

既にお亡くなりになっている落語家の先達や今一緒にやっている先輩に影響されて、その教えを咀嚼して落語をやらせていただいているので、自分だけでお客様に受け入れられているのではありません。

そして、そのことも喜びのひとつです」

質問　「落語家になるきっかけはなんですか？」

喬太郎　「僕は落語を好き過ぎて、尊敬し過ぎて、大学を出てすぐに入門できなかった。だから、一度は書店に就職をした。その会社も好きでした。

でも、死ぬ時に落語家でいたいと思った。

当時の上司はときどき落語会に来てくれる。幸せな人生だと思っています」

落語に対する師匠の真摯な考えを引き出してくれた質問を掲載しました。もちろん、この質問のほかにも、師匠と正太郎さんの落語に対する称賛の言葉がたくさんありました。

落語も質疑応答も、客席の皆さんばかりでなく、僕らスタッフも感動したことをつけ加えておきます。以上、報告でした。

公演後、質疑に答える。

すっかり忘れてしまっていました。質疑応答で、そんなことを言ってましたか。

ケンブリッジの別れ

公演後の打ち上げ食事会も楽しくおひらき。

モレッティ先生やガイドをしてくれた女の子たちと歩いて帰る道すがら、街角ごとに、「ありがとう、また会いましょう」と、ひとり、またひとり去ってゆく。ちょっと寂しいもんですね。

最後までついて来てくれたのは、あの赤羽のメルさん。

おしゃべりな娘なのになんだかおとなしい。ずっと黙っている。

どうしたのかな？　と思っていたら、最後の別れしな、はにかみながらそーっと近づいてきて、僕の顔を見ながら、

「あーばよ」

と言って、くすっと笑った。

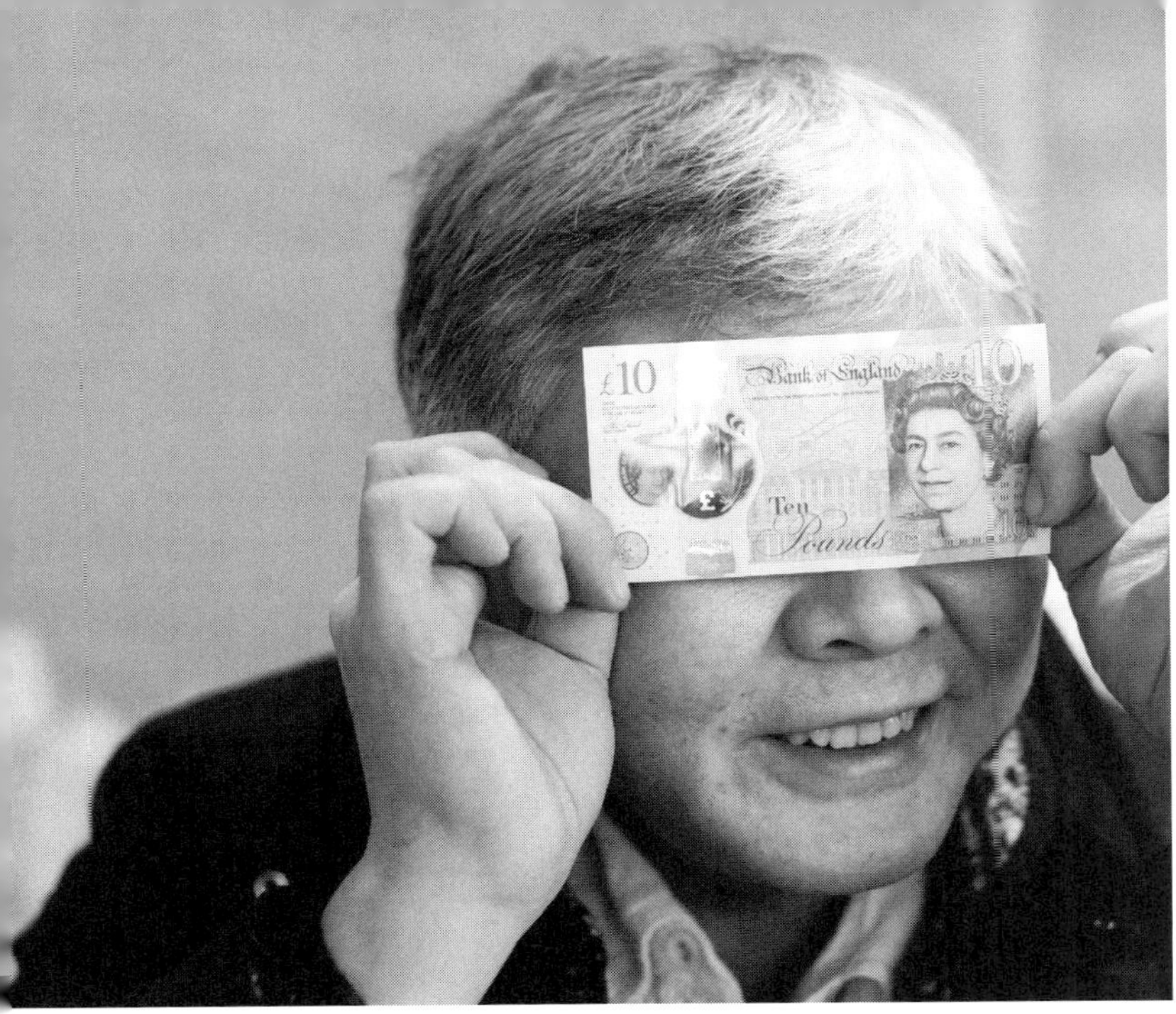

英国のお札とも、おさらば！

僕が演った『うどんや』の酔っ払いのおじさんの台詞。

おーっと、やられた。おじさん、胸キュンだ。

そうかぁ、気に入ってくれてたんだ。

「あーばよ」

と返したら、嬉しそうに帰って行った。

みんなで、うしろ姿を見送った。

みい坊を想う、あの酔っ払いの気持ち……。

さよなら、ケンブリッジ。

明日は早起きして、最後の目的地、アイスランドです。

グトルフォスの滝の前で。

04
ICELAND

第4章

アイスランド

レイキャビック
落語に国境はない!?

世界最北の首都レイキャビック

二〇一七年十一月二十一日、午後二時。

英国ヒースロー空港から約三時間、アイスランドのケプラヴィーク空港に到着。ヨーロッパ公演旅行の最終目的地は、北極圏の氷と火の国だった。

飛行機からの眼下に見たことのない雪景色が明るく輝いている。今朝までいたケンブリッジから、またも別世界へ。

未知の国アイスランドの空港を歩いていたら、おや？　と気になる案内板。正太郎くんに聞いてみた。

「あれさあ、『宮戸川』、『反対俥』、『後生鰻』だよね？」

「え？」

「あの案内板」

「あ！　ほんとだ、そうですねぇ」

ケプラヴィーク空港でも落語的な案内板を発見。

あ、読者の皆様に説明しますと、アイスランドのこの空港のトイレ表示の絵文字がね、似てるんですよ、落語に出てくる構図に。男と女の表示が落語『宮戸川』の半七とお花、車椅子が『反対俥』の人力車、赤ちゃんのおむつ替えが『後生鰻』のまな板の上の赤ん坊。

そう思うと、もう、そうにしか見えない。ちょいと不謹慎ですがね。

この案内板、ムーチョの写真が上に掲載されているので見てみてくださいね。

未知の国に渡っても旅の仲間の一体感は変わりません。みんな疲れもあるのでしょうが、気分は快適でリラックスしているようです。

あれだけ嫌がっていた海外をいつのまにか楽しんでいる自分もいました。

ま、最終目的地に着いたという喜びもあります

しね。

実は、逡巡していたこの旅を引き受けた理由のひとつに、アイスランドに行く、というのがあったんです。この遠い国まで自分で来ることはないだろうと思ったんです。だから、この国は参加を決意させてくれた国でもあり、一番来てみたかった国でもあります。

空港からリムジンバスに乗り、世界最北の首都レイキャビックへ。

車窓から見渡す限り、あまり高い建物はなくて、カラフルな色彩の小さな家やヴァイキングをイメージしたデザインのレストランなど親しみある建物が印象的。

レイキャビックは氷に閉ざされた暗い街かと思いきや、明るい色彩の温かみある街でした。

空港からレイキャビックのホテルまで移動する。

宿泊するホテルはレイファー・エリクソン。この街のランドマーク、ハットルグリムス教会のど真ん前という素晴らしい立地。

レイファー・エリクソンというのはコロンブスより早くアメリカ大陸に渡ったこの国の偉人の名前だそうで、立派な銅像がハットルグリムス教会の広場にありました。この偉人の名前をつけたホテルなので、さぞかし立派かと思いきや、山小屋みたいな味わいのこぢんまりしたホテル。

でも、とてもフレンドリーな宿でした。狭いロビーですがいつも温かい飲みものがあり、旅人の質問に親切に答えるホテルスタッフの笑顔がありました。コンビニや飲食店やバス停もすぐ近くで、便利この上ない立地です。

ホテルに着いて、荷物を降ろしひと息つくと、

魚のマークが印象的な食堂で一服。

もう街は夕暮れ色。

北欧は、夏には白夜みたいに陽の沈まない夜になるんですが、冬は逆に太陽の出ている時間がとても短い。僕らの行った十一月下旬は、朝遅くに上がった太陽が午後四時過ぎには沈んでしまいます。

オーロラを求めて

アイスランドといえばオーロラ。夜空に輝くファンタジーって言うじゃないですか。観てみたいものだと、僕らも観察ツアーに出かける計画ですが、その前に、まずは腹ごしらえ。

ホテルの前の道を港のほうへ歩いて探したら、「ｆｉｓｈ」という文字が壁にいっぱい書いてある魚の定食屋みたいな店があった。風が強くなってきて寒いんで、ま、ここでいいやと入り、あったかそうな魚料理を適当に頼んでみました。

この国も物価が高いから、ワンプレート二千五百円くらいするんですよ。日本じゃ牛丼何杯食えるんだって価格ですが、物価が高いのでしょうがない。

で、しばらくして出てきた料理なんですがね、なんか鱈がぐちゃぐちゃ煮込んであ

鱈をぐちゃぐちゃに煮込んだワンプレート料理。

って、ソースもぐちゃぐちゃ、つけあわせもぐちゃぐちゃしていてね、しょうがねえなあ、これはたいしたことねえなって思って食べたんです。ところが、これが美味いの美味くねえの、って、もう、めっちゃ美味いんですよ。

「フィッシュ&モア」というレイキャビックで出会った美味い食堂でした。

この夕食の後、僕らは待ちに待ったオーロラツアーに行くのですが、風はますます強くなってきて煙草を吸うのにも「寒《さみ》ぃ〜」って震えながらでした。

ムーチョ曰く、「師匠は、強風に服をひるがえし、寒《さみ》ぃ〜！　寒《さみ》ぃ〜！　とはしゃぎながら煙草を吸ってました」、だそうです。だって、あんな寒い中で喫煙したのは初めてですもん。

旅の仲間もそうとう寒そうですが、「でもいいんです、どんなに寒くてもオーロラのためなら」と誰言うとなく、行く気満々の我々でした。

オーロラ観光のバスの発着場は、ハットルグリムス教会の横。ホテルからも近い場所ながら、うっすら雪も積もっているので、少し早めにホテルを出ました。舗道も凍っているので慎重に歩いて行く。そんなふうにゆっくり歩いている人がみるみるうちに大勢集まって来る。いろんな国から来た人々だ。

それぞれに予約したマイクロバスに乗り込むと、そのバスの群れは一斉に同じ方向へ出発します。あるバスは直接に、あるバスは大きなホテルなどを経由してさらに人数を増やして、いくつかあるオーロラ観測地点のうち、今夜見えるであろうと予想される場所へと向かいます。

いったん、決めた観測場所にオーロラが出そうもないと判断すると、次のポイントにすぐ移動。機動力がありましたねえ。期待が膨らみます。

すっかり暗くなっているのでどこをどう走ったのか皆目わかりません。小一時間走ったんでしょうか、バスの群れが最終的に着いたのは、海辺の小高い丘の上でした。バスを降りると、なるほど、ここなら夜空が広く展望できる。

夜空というまっ黒いキャンバスに、星が光り、遠くの岬の灯台が見え、眺めは最高のロケーションです。

眺めはこのうえなく最高なのですが、肝心のオーロラはまだ出ていない。オーロラが出ていない代わりに、風が出てきた。さっきまで街中を吹きさらしていた風なんて問題にならない風速。吹き飛ばされそうになるほど強くて冷たい風。

この吹きすさぶ寒風がたまらんのです。尋常じゃない寒さ。「寒い」って言葉が凍っちゃうし、火事も凍っちゃう。これじゃあ、落語の『弥次郎』だよ。

僕は真冬に着る分厚い防寒着で身を固めていたんですが、その服を抜けて体に直接刺すような寒さなんです。

日本の出国前に、アイスランドはメキシコ湾流の影響で思ったほど寒くないとか、北海道くらいの寒さとか聞いていたんですが、それって無風での気温のことなんですね。この夜だって、気温はおそらくマイナス七℃くらいかもしれないけれど、強風に体温を持っていかれて体感温度はマイナス二〇℃くらいなんだと聞かされた。余計寒くなりますよ。

いけねえ、ここで風邪をひいたら最終公演ができなくなる。慌ててバスの中に戻ると、なんだ、ほとんどの乗客が引き返してるじゃないですか。いろんな国からの人々が、同じように寒さを感じている。
しばらくすると、運転手のおじさんが呼びに来た。
「いま、オーロラが出始めてるぞ」と言ってるらしい。
歓声があがり、みんな外へ。慌てるな慌てるな、外は真っ暗、真っ暗闇だ、転んだら大変だ。
とは言うものの、オーロラ見たさの急ぎ足で、ささっと降りて、夜空を見上げる。
……、なんにも……ない……じゃ……ないか。
ただ、なんとなく、うっすらとした白っぽい雲が数個浮かんでいる。でも、あれは、
オーロラじゃなくて、
　雲
だ
よ
　な
　　　　　　あ
　　　　　ー

ぴゅーぴゅーと、寒風に声も吹き飛ばされていく。

しばらく寒さに震えながら夜空を見上げるもむなしく、一向にオーロラは現れない。

こうなりゃ、走って寒さだけでもしのぐかと、思いっきり走ってみる。「喬太郎師匠が全力で走っているのを初めて見ました」と正太郎くんが喜んでいる。

しかし、待てど、走れど、オーロラは出てくれない。

もう一度、バスに戻ると、運転手さんがポットのココアを注いでくれた。温かくてありがてえと思った直後、運転手のおじさん、オレの手にこぼしやがった。オレの体はこんなに寒いのに指だけ熱いやら、舐めると甘いやら、もうオレはどうしたらいいかわかんないってんです。でも、せっかくだから飲みましたよ。情けねえけど、温かくて助かったよ、この一杯。

で、運転手さん曰く、「あの雲がオーロラだ」。

嘘だよー。もう一度、寒風吹きすさぶ外に出て、夜空を見たけどね、うすぼんやりとした白いものが浮かんでいるだけ。これはどう見ても雲ですって。

しかも、ぺらっぺらな雲。どうたとえましょう、そうそう醤油と生姜で煮たサバを皮を下にして皿に盛った時に、貼りつくじゃないですか白くて薄い表皮が。そんな感じの白い雲が浮かんでるだけですから。

そして、そこにはただ冷たい強風が吹きすさぶだけ。

あんなもんが、

オーロラなもんかよー！

寒風の中、結局、期待したオーロラは見られませんでした。

後日。帰りの飛行機で寝ていたら、クララさんが隣の乗客から「窓のずーっと下のほうにグリーン色に光るオーロラのカーテンが見える」と教えてもらったそうなんです。

それで、周りのみんなが僕を起こしてくれて、窓の外を指さして方向を示してくれたんですが、僕は隣で眠っている窓側の人を起こしたらわるいなって思ったので、見えなかったんだけど「見えた」と言ってしまいました。

だから、僕のオーロラ体験は、はがれた白いサバのうす皮のままで止まっています。

大自然のゴールデンサークル

十一月二十二日、朝。

アイスランドの二日目は初めてのオフ日です。

レイキャビックからバスで遠出、アイスランド南部の大自然を体感するツアーに参加しました。

僕らが行ったのは、世界遺産にもなっているシングヴェトリル国立公園、グトルフォスの滝、ストロックル間欠泉《かんけつせん》を巡るゴールデンサークルと呼ばれる広大なエリア。

〝八甲田山、死の行軍〞のような光景。

なんの予備知識もないまま参加したこのツアー、想像を絶する圧倒的な自然にただただ驚き続けました。

このゴールデンサークルというエリア、大自然の真っただ中で、ここもまた極寒。オーロラ観測と同じように、いくら厚手の防寒服を着ていても風で体温が奪われるのです。

どこをどう歩いているのか、僕ら含め世界中からの観光客が、真っ白い雪景色の中を一列で目的地にたどり着くまで、ひたすら歩いていたこともありました。

僕らは、「八甲田山、死の行軍《こうぐん》だよな」「天は我々を見放したか」とか言いながら進みましたっけ。

この土地一帯がすごいんですよ。何しろ、北米

シングヴェトリル国立公園。

プレートとユーラシアプレートの境目なんですから、ずっと大地の裂け目の渓谷が続いているんです。

つまり、地球の割れ目ってことですよね。

しかも、ここアイスランドで離れた両プレートが地球をぐるりとして日本列島でぶつかるというじゃないですか。こりゃ他人事じゃないわけですよ。確かに、どちらも島国で、地震や温泉という共通点がありますもんね。

間欠泉もすごかったなあ。ゲイシールというかつての巨大間欠泉の隣で今もばんばん活動中のストロックル間欠泉。

遠くから眺めると、広がる雪景色の方々から箱根や別府の温泉湯けむりみたいな湯気が空に上がっている。その風景は実にのどかな感じなんですよ、なんにもない時はね。

ところが、突然ブシャーッ！　という爆音とともに、お湯が二、三〇メートルくらいの高さまで噴き上がるんです。ほとばしる飛沫《しぶき》が顔に当たると、これが熱いんですよ。

恐いけど、興奮するんです。

ストロックル間欠泉を前に大興奮！

グトルフォスの滝。


地球が息をしてる、生きてるんですよ。きっといますよ、ここには怪獣が。

グトルフォスの滝にいたっては、壮大過ぎて言葉にならない美しさ。

流れ落ちる滝の迫力たるや。水の量がものすごくてずっと轟々と鳴り響いている。

まさに、これぞ絶景です。


そして、ユネスコ世界遺産にも登録されているシングヴェトリル国立公園。

地球の裂け目を触りながら、豪快にせりあがる崖に沿って広大な自然を歩くという貴重な体験をさせてもらいました。

驚いたのは、この地で世界初の民主議会が開かれたというではないですか。西暦九三〇年に、ノルウェーからの入植者が中心となって呼びかけ、全島各地の定住地域から代表が集まって会議を開いて、平和に共存するためのルールを決めて行ったらしいんです。

「なんで、こんな場所にわざわざ集まったのかな」、旅の仲間も僕も不思議でした。

後日、この会議についてこんなことを聞きました。大きく二つに割れて対立していた重要な案件が、近くの火山の噴火のおかげでひとつにまとまったというエピソード

極寒の地で悠久の生命を想う。

があるそうです。この地球の裂け目は当時の人々にとってそういう存在なんですね。今その場所には誇らしげにアイスランドの旗がたなびいています。素晴らしい光景でした。

北極圏の雑感

こういったアイスランドでしか観ることのできない、厳しくも美しい自然の眺望に圧倒されながら、ふと、ここに生きる動物や植物のことを思ったんです。

雪に覆われた景色で、僕らは会えなかったけれど、きっとこの北の果てのような厳しい自然にも何か動物がいるだろうし、シダみたいな植物が生息している。ここに逞しい生命がある。

テレビの『アニマルプラネット』が見せてくれるように、極北の崖にシカみたいな動物が必死に生きている姿も想像してみました。天敵と闘って、寒さの中で必死で子孫に繋いでいる。

ここに種を落とされて、ここに芽を出して、この厳しい環境に適応できた植物もいる。もっと優しい環境に育ちたかったかもしれない。でも、この厳しい環境に適応してしまった。これは不幸なのか幸せなのか。

人間みたいな意識はないけれど、彼らはこの景色を何万年も見ている。幸か不幸かなどという人間の尺度ではない生き方。

僕らは落語ツアーでここに来て、この寒い土地の動物や植物も擬人化してしゃべらすことはできます。しかし、実際は、北極圏の厳しい環境で命を繋いでいるこの生き物たちは、もちろん日本があることを知らないし、ましてや落語のことなど考えたこともない。

そんな彼らの営みのことをふと思ったのです。

在アイスランド日本大使公邸晩餐会

さて、こんな珍道中の我々ですが、実は、アイスランドの日本大使から公邸での夕食会に招かれていたんです。

大自然ツアーからレイキャビックのホテルに戻り、ひと息ついたら正装に着替えます。

正太郎くんと黒紋付きで表に出てムーチョに記念写真を撮ってもらっていたら、ど

在アイスランド日本大使公邸にて、
大使の北川靖彦さんを囲んで。

こかの国の若者二人が僕らの着物姿に興味をもったみたいで、「彼らはナニモノ？」ってババさんに聞いている。ババさんが「ヤクザ、ジャパニーズギャングスター」って言ったら、「オー、ナイス」ってカメラをこっちに向けてくれました。


ほどなくお迎えの車が来て、いざ大使公邸へ。

緊張しつつ玄関を入ると、北川靖彦在アイスランド大使はじめ皆さんが素敵な笑顔で迎えてくださった。アイスランド大学の先生もいらっしゃる。会話は日本語でできるので、ひと安心。

ご挨拶のあと、公邸を案内してもらっている時、我らが春風亭正太郎くんの育ちの良さが光りましたねえ。

壁に飾られた一枚の写真を見て、正太郎くんひとこと、

「おや？　ここに写っているのは、アシュケナージさんですね」

あしゅけなーじ？　それは何だ。アシュでケナーでジなのか。

ウラディーミル・アシュケナージさん、世界的に有名なピアニストで指揮者なんですね。奥様のふるさとがアイスランドで、彼も国籍を持ち、この豪邸を一九七二年に建てられ、その後六年ほどお住まいになられていたんですって。その邸宅をお借りし

ているとのこと。

それにしても、正太郎くんは、興味の幅が広い。


いよいよ、夕食会の始まり。お部屋の入り口にはゲストである我々の名前。テーブルに着くと結婚披露宴みたいに今夜の料理のコースが綺麗に印刷されたメニューがある。こういうのを晩餐会っていうんでしょうね。

シャンパンで乾杯のあと、美味しい料理が次から次へ。


民間の会社ご出身だという北川大使は人当たりが良く、気さくな紳士。食事の合間にいろんなことを教えてくださる。

アイスランドの豊富な水力や地熱を資源とする再生可能エネルギーのこと、日本人コミュニティのこと、オーロラのことなど興味深い話題。やはり、オーロラは頻繁に出る時と一週間滞在しても出てくれない時があるんだそうですよ。してみると、昨夜のアレはただの雲で納得。

大使着任後、この小さな島国アイスランドのサッカーが強豪ひしめく欧州予選を勝ち進み二〇一八年ロシアW杯に初出場を決めたことをとても喜んでましたよ。

落語のこともいろいろご質問してくださる。その気配りが温かい。

食事の途中、大使も僕も喫煙者なので、外の喫煙所で「お互い肩身が狭いですな」と世間話もできました。翌日のアイスランド公演にも来てくださり、懇親会でやはり一緒に一服。その時に、持参して行ったメビウス・ワン二箱を差し上げたら、「え、こんな貴重なものを」と喜んでくださった。


シャンパンの後は、ワインになさいますかビールもありますよ、とお酒も楽しませていただいた。おまけに、ちょうどいいタイミングで、日本酒もどうぞ、と勧めてくださる。この日本酒がじつに好みの味で、もし僕の自制心のタガが外れたら、「よう、殿公」って『妾馬』みたいになっちゃうところでした。

ゆったりと時は流れ、いよいよコースの終盤。なんと〆がごはんとお味噌汁ですよ。もう日本ここにありです。しかもですよ、このごはんが鯨とフキの混ぜごはん。碗の中に北欧とジャパンが混ざってるんですよ、心憎いじゃありませんか。

デザートのレイキャビックパフェも格別でした。

北川大使、大使館の皆さま、本当にありがとうございました。この場をお借りして御礼申し上げます。

旅の仲間も大満足の帰り道。

「師匠、シェフが日本人だったから、やっぱり味が繊細でしたね」

「うん、そうかもしんねえ」

美味しさの余韻の中での幸せです。

ホテル近くのバーにババさんとちょいと立ち寄り、地元のウィスキーをほどよく寝酒に。

欧州公演千秋楽に備えて熟睡しました。

最後のワークショップと落語公演

十一月二十三日、欧州落語の旅、最終公演日がやってきました。

いざ、アイスランド大学へ。欧州最後のワークショップと落語会です。

厳しい自然と立ち向かいながら学問をするための新しいシステムを持っている、

という印象の大学でした。先生たちのフレンドリーさにもそれを感じたし、外は冷たい風が吹くのに理想郷のように暖かな学舎にもそれを感じました。

担当教授のグネラ先生も日本人の永井先生も素晴らしい人物で、僕らのために本当に頑張ってくださった。

ワークショップに集まった学生さん達も気合が違う。わざわざ北極圏にあるこの大学をめざして全世界から留学している若者。彼らからは陸地続きの国へ行くのとは違って遠方まで来る覚悟のようなものを感じましたねえ。そして、この地に生まれ育った若者も気合十分。

所作を教える時でも、「侍が刀を抜く動きを教えてください」と、学生さんから積極的なリクエストがありましたし、生徒たちが自分で考えた小噺も聴かせてくれました。そういうところにも情熱を感じました。

アイスランドのワークショップで感じたことは、外から来た文化を積極的に吸収しようというエネルギーです。

参加人数も一番多かったんです。ワークショップで恒例になった高座名をつける段で、実に多くの国から留学していることがわかりました。

高座名コーナーをまたご紹介します。

学生たちが意欲的に参加した
ワークショップ風景。

フランスから留学しているレアさんという女性には、「ふらんす亭半生《はんしょう》」。レアだけに「半生《はんなま》」。

フィンランドからの学生さんには、「フィン亭フィンフィン」。これは桂雀々師匠みたいにつけました。

キプロスからも来てたよなあ、「キプ家ロス丸」。

ウラジミールという名前の男の子には、着物の裏地をお見立てするイメージで、「おしゃれ亭裏地見」。

アイスランドの学生さんには氷の国で皆さん「氷亭《ひょうてい》」。

いろんな国のいろんな学生さんが落語を楽しんでくれました。

正太郎くんが、「前回のワークショップがとても良かったので、同じ方法で来ると思ったけど、また違う手で成功させて、師匠すごいなあ」と僕のことを褒めてくれたんだけど、いやいや、違うの。ただ単純に前回の内容を忘れているだけなのです。

とは言え、僕の中にある落語というものをその場に合わせて一所懸命に出しているのではありります。

正太郎くんこそ、この回も僕の無茶ぶりで、酒器の大きさに合わせての酒の飲み分

高座設置準備。この毛氈の下には……。

けや、生徒さんからのリクエストで「飛行機！」という古典ではあまり出て来ない仕草を見事に打ち返してくれたのです。

かくして、僕と正太郎くんの最後のワークショップも終了。参加者さんに楽しく体験していただけたと思います。

午後は、最後の字幕付き落語会。

ところがです、こんなに協力的な大学でも、高座の高さが足りず、さあ、どうしようってことになりました。

高さは厳密に決まっているわけではないのですが、後方のお客さまにもほどよく所作が見えるくらいが良いのかなと思います。この時も、客席に座って正太郎くんと確認したら、もう少し高くしたほうがいいね、ということになりました。

会場には、高さを足す部材がないので知恵を絞り、学部にある未開封のＡ４のコピー用紙を各フロアからかき集め、毛氈の下に敷き詰めました。残念なことに高座全体に敷き詰めるだけの数が揃わなかったので、なんと台形型の高座。なかなかに珍しいアイスランド仕様の火山型。

これだと、のけぞる所作の時など恐いのですが、低いよりはありがたい。

本番は、アイスランド大学の生徒、先生だけではなく、日本大使館さんが各国の大使級の方々をお呼びくださったので、インターナショナル感がより強い感じでした。

僕はいつも通りつとめさせていただきましたが、正太郎くんは僕の『うどんや』の最中に、この旅を想い感無量で少し涙したらしいです。このことを正太郎くんは僕には言わないんですが、旅の仲間が教えてくれました。

旅の最終公演は大きな拍手を頂き、無事おひらきです。

終わり良ければ、すべて良し、旅は道連れ世は情け、です。

欧州公演最後の『うどんや』。

春風亭正太郎という男

最終公演ということもあってかどうかわかりませんが、正太郎くんといろんなことを語り合った一日でもありました。好きな芸人さんの話などを随分交わしたなあ。

望郷とかそういう心持ちではなくて、二人だけの待ち時間もたくさんあり、普段したい話題が思う存分できたという感じでしょうか。そんな時間が嬉しかったんです。

春風亭正太郎という噺家は、芸についてのいろんな話を自然体でできる人なんです。

感性も似ているのかもしれません。

バカな話もたくさんしましたしね。

ワークショップが成功した理由を、「いつもは真打さんと二ツ目さんで役割と時間の分担を分けてやっていただいているのですが、喬太郎さんと正太郎さんは打ち合わせもなく自然に二人一組でいろんなことを教えてくださる」とクララさんが言ってくれた。

欧州公演最後の一席を演じる正太郎さん。

ワークショップで、いつも即興で息を合わせた2人。

落
RAK
drop
word

なるほど。日本にいる時は先輩後輩だし、真打と二ツ目だけど、この旅では、彼は相棒であり、ワークショップも公演も一蓮托生でした。これはもちろん、僕の気持ちです。彼のほうはそんなことは思っていない。常に気配りをしてくれたし、師匠と敬ってくれた。

アイスランド大学のワークショップと落語会の間、二人で控室にいた時のこと。「小腹が減ったねえ」「なんか食べますか」と、同時に鞄から出したチョコレートが偶然にも同じ。「チョコレートは明治」ですよ。笑いましたねえ。

で、その次に僕が出した煎餅を見た瞬間、正太郎くんの顔が変わるんです。どうやら、醬油の味が恋しくなっている様子。普通にコンビニで売っている亀田の醬油煎餅ですよ。それをあげたら、「師匠、い、いいんですか」とすぐに頰張った。

本人曰く、「醬油味に感激して腰が砕けて崩れ落ちた」らしいです。

〝おっ、正太郎が感極まってるぞ、いいぞいいぞオレの好物、亀田の二度づけ醬油〟。で、その時の正太郎くんの「師匠、い、いいんですか」の言い方が、彼の師匠である春風亭正朝師匠に向かって、「あのぉ……師匠ちょっとよろしいですか」と言っている慎ましくも可愛げのある雰囲気に似ていたので、あることを思い出しました。

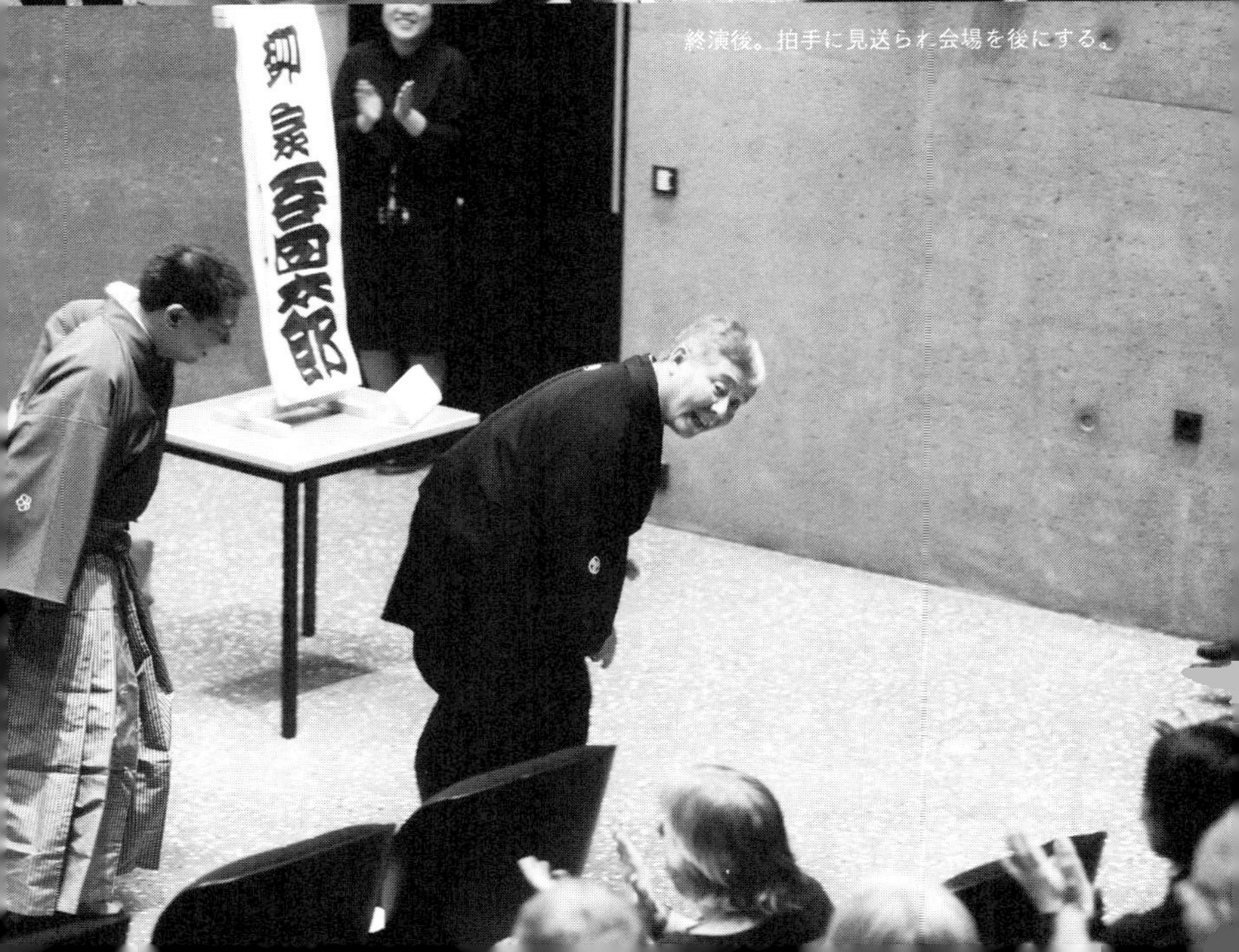

終演後。拍手に見送られ会場を後にする。

それは、この旅の……、そこはかとない前段。

僕は、落語協会の寄合で、正朝師匠とご一緒だった。

この旅を一緒に行きませんかと正太郎くんを誘って、彼が正朝師匠に許可をもらった後なので、前年の納めの寄合だったと思います。

僕のところに正朝師匠がわざわざやって来て、「うちのをありがとうなあ。連れてってくれるんだってなあ。あいつ喜んでるよ」だったか、「やっこ、喜んでるぜ」だったたか。満面の笑みでそうおっしゃった。

そして、「喬ちゃん、よろしく頼むな」と。

噺家ってどうかすると、場を和ませようとして、「海外行くんだって、オレも連れてってくれよ」とか言ったりして、「勘弁してくださいよぉ」なんてのがお決まりだったりするんです。でも、その時の正朝師匠はご自分のお弟子さんを想う気持ちをまっすぐに伝えてくださった。その言葉を聞いて、〝良い師弟だなあ〟と思ったんです。生意気な言い方に聞こえたらごめんなさいね。

師匠のことが好きだから、擬似親子だから、どうかすると高座で悪態をついてネタにできる。師弟だからこそ腹を割って話せる。これは、噺家にしかわからないことかもしれません。

ささやかな打ち上げ

最後の公演を終えて、大学でスパークリングワインで乾杯していただき、大使館や関係者の皆さんと歓談、記念写真撮影などで楽しく過ごし、落語に関するすべての予定を完遂しました。

夜遅くホテルへ戻り、まだ開いている小さな店で旅の仲間とささやかな打ち上げ。鯨の肉の煮物を眺めながら、アイスランドの強い蒸留酒を呑み、ああ、終わったなあと、ふわあっとした心持ちでした。

あんなに日本を出ることに消極的だったのに、実際に来ていろんな障害にも遭ったのに、この海外公演を経験して良かったなあと感じました。

日本を出てからのいろんな出来事が僕の心に残っています。

デンマークの美しい港町。初めての公演の緊張感。

アイルランド人の厳しい気質と頼りなくもナイスガイのティル先生。幽霊の街。度重なるトラブルのあと飲み干すビールの味。

ケンブリッジの女子学生たち。「あーばよ」の別れ道。

旅の仲間との打ち上げ。
無事に終わってホッとする。

アイスランドの大自然。

出会った人々。

さまざまな出来事。

日本で応援してくれている皆さん。

旅の仲間。

すべてにありがとうございました。


思いおこせば、海外公演の演目を決めるまで逡巡しながらも、あの時、新宿の喫茶店で『寝床』と『うどんや』を決め、それから翻訳作業をしていただき、国内でゲネプロもやり、微調整しながら完成させ、いざ本番へ、という綿密な過程を経ていたこと。そして、落語ファンの多くの皆様から多大なご支援をいただいたこと。

いろんな人の御尽力に助けられました。

僕は、けして落語を世界へ、というタイプではありませんでしたし、今もそうです。むしろ、日本に落語を届けたい場所がまだまだあるような気がしています。

けれど、クララさんのように「落語は素晴らしい。だから、海外の人に聞かせたい」という情熱には賛同します。

もし、僕がまた海外公演をするとしたら、この旅の仲間とならいいなと思っています。ただし、この仲間がひとりでも欠けたら行かないかも……。

それほど良い旅でした。

腕時計のこと

あ、そうだ。僕にはまるで意味のないことなのですが、旅の仲間が驚いていたことがあります。みんなが読者の皆さんに紹介して、というので書き残すことにしますね。

覚えていますか、この本の冒頭あたり、海外にいて集合時間に遅れるといけないと思い、僕が成田空港の免税店で千五百円の安い腕時計を買ったこと。

実は、僕はあの腕時計を一度も現地時刻に合わせることなく、ずっと日本時間のままにしておいたんです。そのことを伝えたら、みんな一斉に「えーっ！」とびっくりしましてね。「特別な意味があるんですか?」と興味深く聞かれました。

僕はただ、いちいち時刻を変えるのが面倒くさかっただけなんですが、みんなの目には特別に映ったらしい。故桂枝雀師匠がどんなに派手な動きをしても落語世界から離れないためにけして足を座布団から外さなかったという伝説を、僕が別の場で話したことに関連付けて、特別な意味を持たせていたようなんです。

日本時間のままの腕時計と枝雀師匠の座布団は同じなんですかってね。みんなの想像は自由ですが、残念ながらそんな意味はまったくありません。

ただ、不思議なのは、その腕時計、日本に戻ってしばらくして、どこかに消えてしまいました。たぶん、どこか地方のお仕事の時に失くしたんだと思いますが。

ひょっとしたら、あの時計、自分の役割が終わったと思って消えたのかな。なんてね。

帰国直後の愉しみ

二〇一七年十一月二十五日、午前十時四十分。

アイスランドからコペンハーゲン経由で、無事に成田空港に到着。

旅が終わって、成田に着いて、僕にはひとつの愉しみがありました。何をもって自分は日本に帰って来たと実感するのか？

飛行機の窓から見える成田の地上なのか？

成田空港に降りた時の日本の匂いなのか？

迎えに来た家族の顔を見た時なのか？

味噌汁の味なのか？

飛行機が日本に近づくに連れて、その愉しみはどんどん強くなってきていました。

まず、成田上空から風景を見た。

飛行機を降りて日本の空気も吸った。

空港には家族が来て迎えてくれた。

しかし、そのどれでもなかった。

そうか、これはきっと、味噌汁だと予感したんです。オレはきっと家に着いて味噌汁を飲んだ時に日本だなあと実感するんだ。そう思いながら、成田空港の外に煙草を吸いに出たんです。

その時、目の前に一台のバスが停車していました。

東武バスでした。

なにげなく、僕はそのバスを見た。
その瞬間、しまったー！　と思った。
この旅で唯一残念だったことと言っても過言ではないでしょう。
もう、悔やんでも悔やみきれない。
オレはこんなことで日本に帰って来たことを実感してしまったのかあ。

「TOBU」

そのバスの車体に書いてあるアルファベットを見て、あー日本だ！　と、僕は感じてしまったのです。

おわりに

いかがでしたでしょうか。デンマークからアイルランド、英国、アイスランドと一緒に旅して頂けたでしょうか。

デンマークの列車旅、オーフスの美しい風景、アイルランドのゴーストツアー、コークの朝食、ケンブリッジの街並み、ケム川の舟遊び、レイキャビックの空気の冷たさ、アイスランドの微妙なオーロラ、そして出会った人々の笑顔。

今でも、ありありと蘇ります。関わってくださった全ての皆さんに、心からの御礼を申し上げます。それこそ、なかなか入国させてくれなかった、アイルランドの入国管理官に至るまで。なんだかんだ言っても、入国させてくれた訳ですから。

行ってよかった。

行くまであんなに嫌だったのに、行ってみたら、どこの国も素晴らしかった。いい経験をさせて頂きました。

ケンブリッジを案内してくれた女の子達のうち、二人は、その後来日して、落語を聞きに来てくれました。ただその日に演じたのは、笑いの少ない、地味な噺だったので、イマイチ分かりにくかったみたいですけど。

意思の疎通さえできれば、海外も楽しいものですね。もっとも今回伺った四カ国は、どこも安全な、不便も少ない国でしたから、そう言えるのかもしれませんだ。

そうそう、それからもう一つ、海外に行ってよかったのは、パスポートを取り直した事。運転免許を持っていない僕には、顔写真付きの身分証明書がありません。近頃はマイナンバーがどうとかこうとか、企業人でもない、フリーの浮草稼業にとって、いろいろ面倒な事が多いんです。ですからパスポートを手に入れられたのは、僕にとって、非常に有難い事でした。

帰国してからは寄席をはじめとして、国内のほうぼうでお喋りさせて頂いています。せっかく取ったパスポートだけど、持ち歩かずに済む日本の仕事は、当たり前だけど、やっぱりホッとします。多くの方がおっしゃるように、海外を経験して、日本の良さも再認識できる気がします。

一生を終えるまでに、あと何回くらい、海の向こうの国々に、行く事ができるでしょう。近くない将来に、そんな経験が、あと一度か二度はできるかな。その気になれば、プライベートでも、ちょくちょく行く事はできるでしょうが、海外以前に、日本国内で、まだ行った事がない土地が、山ほどあります。

だから海外は、しばらくはいいかな。お求めに応じて、国内のいろんな所に伺いたいです。

お読みくださり、ありがとうございました。次は高座からお目にかかりましょう。

あ、そうだ。このあとがきも、喬太郎本人が書いています。

欧州落語公演の演目

『寝床』

さるお店《たな》の旦那は、大の義太夫好き。普段は、世間から仏様と言われるほど慕われているが、義太夫となると目の色が変わり、無闇矢鱈と語って人に聴かせたがる。上手ければ良いが、下手も下手、聴かせられた人間は皆、拷問のごとき芸に地獄の苦しみを味わう羽目になる。奉公人達も、今日も今日とて義太夫の会、長屋の店子達はなんのかんのと理由をつけて一人も来ない。奉公人達も揃いも揃って仮病を使う。旦那は激怒。仕方がないからと長屋の連中や奉公人達、地獄の義太夫につきあう羽目になる。

『反対俥』

上野駅に急ぎたい主人公、神田から俥に乗ったが、俥夫が病み上がりの御老体で、まるで進まない。乗り換えた俥の俥夫は、若くて速いが威勢が良すぎる。猛スピードで突っ走り、主人公は翻弄される。

『うどんや』

夜鳴きのうどん屋が酔っ払いに呼び止められる。酔っ払いは、今日出席した婚礼の話を延々と繰り返す。めでたくて結構な話だが、つきあわされるうどん屋は商売にならない。あげく酔っ払いはうどんの一杯も食べずに行ってしまう。愚痴をこぼしながらも売り声を上げるうどん屋を、一人の客が小声で呼び止める。どうやら大店《おおだな》の奉公人。さては旦那や番頭さんに内緒で奉公人達が食べようってんだな、ありがてえ、大口の商いになると喜んだうどん屋だったが……。

落語の字幕翻訳、こぼれ話

海外で多くの方に落語を楽しんでいただくために、噺選びは重要です。例えば、『たらちね』『寿限無』のように、長いセリフで言葉遊びのある噺、『妾馬』のように殿様と町人の間で敬語の使い方によって笑いを誘う噺は、言葉の語感や敬語を翻訳して伝えることがむずかしいために避けたいものです。『真田小僧』など、オチの理解に日本の歴史や文化の知識が必要となる噺も同様です。それら以外の噺からご相談し、喬太郎師匠は『寝床』と『うどんや』、正太郎さんは『反対俥』に決定しました。

『寝床』の字幕用台本は、喬太郎師匠の過去の落語の音源をおこしたものをベースにしています。そこから、その場のアドリブ、どうしても訳せない部分などを削除。さらに師匠からは、「義太夫」を知らない方のために、「日本の歌舞伎にも使いますが、物語に節をつけまして、唄うように語るわけですが、こんな具合でして」と言葉を補足したうえで、リアルな「義太夫」のうなり声を披露する流れをご提案いただきました。海外公演では字幕通りに噺を進めなければならず、やりづらさがあったはずですが、この義太夫の部分で、アイスランドならば「レイキャビック」といった公演都市名をアドリブ的に取り込む工夫をされ、客席を沸かせていました。
設定に疑問を抱かせないように翻訳することも必要です。例えば、正太郎さんの『反対俥』では、俥屋の行き先として「福島の郡山」という地名が出てきます。そのまま訳すと海外の方に「『こおりやま』とはどこ？」と思われる可能性が高いため、正太郎さんと相談のうえ、海外で比較的有名な日本の「京都」に変更。アンケートの中には、「俥屋さんが無事に京都へ着きますように」というメッセージもいただきました。

英語とデンマーク語、アイスランド語の3カ国語に翻訳後は、映画の字幕と同じように字数は通常1行当たり35字程度になるように長さを調整しました。スライドはおよそ900枚。短いもので1秒の表示間隔で演者のセリフと字幕がぴったりと合うよう、日本にいる間に音源や動画を使って練習をし、本番では落語を丸暗記して操作に臨みました。スピード感のあるセリフのやり取りが続く場面は大変なときもありますが、喬太郎師匠、正太郎さんは、ともにスピードが合わせやすく、焦ることなくできました。

（クララ・クレフト）

海外で「落語」はどう受けとめられたのか？

4カ国の落語公演後、参加者の皆さんから寄せられたアンケートから、落語の印象についてのコメントを紹介します。（母国語／日本語の理解度／年齢性別）

デンマーク　オーフス大学公演

○いろいろな登場人物のそれぞれの性格が、とても楽しめた。
（デンマーク語／少し理解できる／18〜24歳男性）

○喬太郎師匠の「うどんをすする音」はすごいね。
（デンマーク語／かなり理解できる／18〜24歳女性）

○登場人物の演じ分けが印象的。登場人物になりきって、それぞれの性格に説得力があった。
（デンマーク語／かなり理解できる／25〜34歳男性）

アイルランド　コーク大学公演

○『反対俥』には、おもしろいセリフがたくさんあった。
（英語／かなり理解できる／24〜35歳男性）

○温かい存在感、ユーモアあふれる舞台でした。
（英語／少し理解できる／55〜64歳女性）

英国　ケンブリッジ大学公演

○うどんやさんや奉公人が小さな声でささやくところが特に気に入りました。俥屋さんの速い走り方は、とても自然な感じでした。
（ロシア語／よく理解できる／18〜24歳女性）

○うどんの麺を食べるときの音は、ひじょうに愉快でした。
（英語／かなり理解できる／18〜24歳）

○『反対俥』の〝芸者あげ〟のところは笑いました！
（英語／少し理解できる／18〜24歳女性）

アイスランド　アイスランド大学公演

○異なるキャラクターの演じ分けやエア飲食がすごかった。
（アイスランド語／少し理解できる／25〜35歳男性）

○正太郎さんの『俥屋』は、エネルギッシュなパフォーマンスだった。
（アイスランド語／少し理解できる／25〜34歳男性）

○日本語がわからなくても楽しめた。生き生きした話芸で、伝統的な芸を継承していることが感じられた。
（ドイツ語／ほとんど理解できない／55〜64歳男性）

柳家喬太郎（やなぎや・きょうたろう）
落語家。1963年東京生まれ。
日本大学商学部卒業後、書店勤務を経て89年に柳家さん喬に入門。
前座名は「さん坊」。93年、二ツ目に昇進し、喬太郎と改名。
2000年、真打昇進。
01年彩の国落語大賞、05〜07年国立演芸場花形演芸会大賞、
06年芸術選奨文部科学大臣新人賞（大衆芸能部門）ほか。
古典落語と新作落語の演じ手。近年は映画や舞台にも挑戦し、
映画と舞台『スプリング、ハズ、カム』、舞台『たいこどんどん』で主演を務めた。
著書に『落語こてんパン』『落語こてんコテン』、
共著に『なぜ柳家さん喬は柳家喬太郎の師匠なのか？』など多数。

柳家喬太郎のヨーロッパ落語道中記

2019年３月25日初版発行
2019年７月20日第2刷

著　　者　柳家喬太郎

構　　成　馬場憲一
写　　真　武藤奈緒美
イラスト　とつかりょうこ
協　　力　春風亭正太郎
　　　　　クララ・クレフト
ブックデザイン　守先正

発 行 者　上原哲郎
発 行 所　株式会社フィルムアート社
〒150-0022
東京都渋谷区恵比寿南1-20-6　第21荒井ビル
TEL 03-5725-2001　FAX 03-5725-2626
http://www.filmart.co.jp/

印刷・製本　シナノ印刷株式会社

ISBN 978-4-8459-1816-4　C0076